Matlab

I0487763

Introduzione a Matlab
(con Symbolic Toolbox e Control Systems Toolbox)

Matlab: interfaccia principale (R2018b)

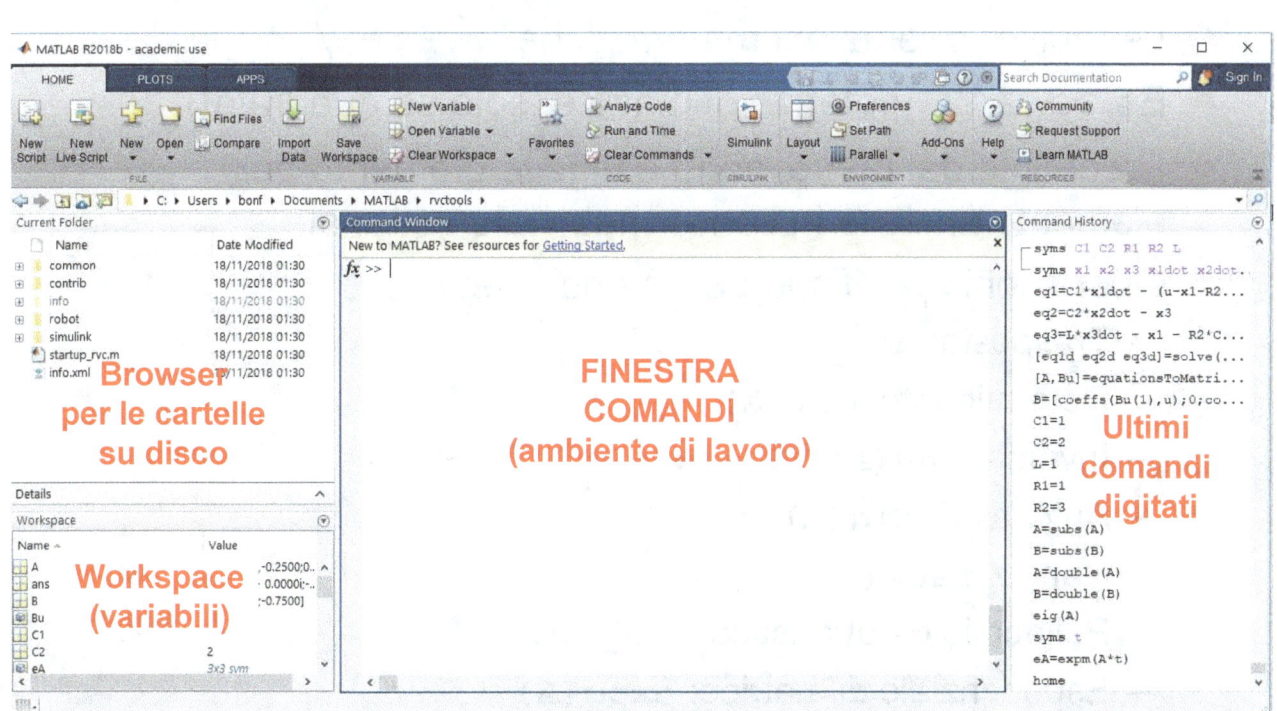

Matlab: definizione di variabili, vettori e matrici

Definire variabile scalare

```
>> x = 3
```

Definire vettore riga (1×3)

```
>> x = [1 2 3]
```

Idem, ma senza echo dell'output

```
>> x = [1 2 3];
```

Definire vettore colonna (3x1)

```
>> x = [1; 2; 3]
```

(oppure `>> x = [1 2 3]'`)

Definire matrice 3x4

```
>> A = [1 2 3 4;5 6 7 8;9 10 11 12]
```

Accedere / modificare elemento di riga 2 e colonna 1

```
>> A(2,1) = 0
```

Matlab: operazioni su matrici

➡ Le "solite" operazioni matematiche: +,-,*,/,^

➡ **Es.** `>> A^3` (potenza di matrice, solo se quadrata!)

➡ Precedute dal punto, sono eseguite elemento per elemento anziché in senso matriciale/vettoriale

➡ Operazioni specifiche per matrici / vettori:
  - Trasposta: `A'`
  - Determinante: `det(A)`
  - Inversa: `inv(A)`
  - Autovalori: `eig(A)`
  - Rango: `rank(A)`
  - Polinomio caratteristico: `poly(A)`
  - Esponenziale di matrice: `expm(A)`
  - Radici di un polinomio: `roots(x)` (x vettore dei coeff.)

Matlab: inizializzazione di matrici *standard*

⟶ Comandi che forniscono matrici caratteristiche, utili per inizializzare variabili opportune:
  - Matrice m x n con tutti elementi nulli: `zeros(m,n)`
    NOTA: `zeros(m)` fornisce matrice quadrata
  - Matrice m x n con tutti elementi unitari: `ones(m,n)`
    NOTA: `ones(m)` fornisce matrice quadrata
  - Identità n x n: `eye(n)`
  - Matrice quadrata diagonale (con elementi sulla diagonale nel vettore V): `diag(V)`

Matlab: il workspace

⟶ I risultati di tutti i comandi digitati vengono memorizzati nel cosiddetto workspace della sessione

⟶ Il workspace viene cancellato all'uscita dal Matlab!

⟶ Il contenuto del workspace si può salvare (anche parzialmente) e ripristinare:
  - `save nomefile` (estensione di default: **.mat**)
  - `save nomefile variabile1 variabile2` (salva solo le variabili indicate)
  - `load nomefile`
  - `clear`: cancella il contenuto del workspace!!

Matlab: soluzione di sistemi (calcolo simbolico)

➡️ La funzione `solve(eqns,vars)` risolve il sistema di equazioni `eqns` nelle variabili specificate `vars`

```
>> syms x1 x2 c1 c2 c3 x1dot x2dot u;
>> eqns = [x1dot + x2 + c1*u == 0; c2*(x1 + x2dot) == c3*u];
>> vars = [x1dot;x2dot]
>> sol = solve(eqns,vars)

sol =

  struct with fields:
    x1dot: [1×1 sym]
    x2dot: [1×1 sym]
```

Matlab: soluzione di sistemi (calcolo simbolico)

➡️ La funzione `solve(eqns,vars)` risolve il sistema di equazioni `eqns` nelle variabili specificate `vars`

```
>> sol.x1dot              >> sol.x2dot
ans =                     ans =


-x2 - c1*u                (c3*u - c2*x1)/c2
```

NOTA: per accedere ai campi di una struttura si utilizza l'operatore « . ».
In alternativa si può utilizzare l'assegnamento diretto:
`[x1dot,x2dot] = solve(eqns,vars)`

Matlab: soluzione di sistemi (calcolo simbolico)

- Con l'esempio visto si è ottenuta di fatto l'espressione di equazioni differenziali accoppiate predisposta per la scrittura del modello di un sistema dinamico nello spazio degli stati:

$$\dot{x}_1 + x_2 c_1 u = 0 \qquad \Longrightarrow \qquad \begin{cases} \dot{x}(t) = Ax(t) + Bu(t) \\ y(t) = Cx(t) + Du(t) \end{cases}$$
$$c_2(x_1 + \dot{x}_2) = c_3 u$$

- Cerchiamo ora un metodo furbo per estrarre i coefficienti delle matrici...

9

Matlab: operazioni su polinomi

- La funzione `collect(expr,x)` riorganizza i termini del polinomio `expr` in modo che siano raccolti i coefficienti delle potenze della variabile `x`

```
>> syms x;
>> expr = 3*x^2 + 23*(2*x-x^4)*(x-k)+x^5;
>> collect(expr,x)
ans =
     - 22*x^5 + 23*k*x^4 + 49*x^2 - 46*k*x
```

Matlab: operazioni su polinomi (calcolo simbolico)

➡ La funzione `coeffs(expr,x)` restituisce i coefficienti del polinomio `expr` rispetto alla variabile simbolica `x`

```
>> syms x;
>> expr = 3*x^2 + 23*(2*x-x^4)*(x-k)+x^5;
>> coeffs(expr,x)
ans =
  [ -46*k, 49, 23*k, -22]
```

NOTA: il vettore restituito <u>NON contiene i coefficienti NULLI</u> ed è ordinato a partire dal coefficiente associato al termine con potenza minore.

Matlab: sistemi in forma matriciale

➡ La funzione `[A,B]=equationsToMatrix(eqns,x)` restituisce la matrice `A` e il vettore dei termini noti `B` del sistema di equazioni `eqns` tali che `A*x = B`

```
>> syms x1 x2 u;
>> eqns = [x1+21*x2 == -3*u;-2*x1-x2==0];
>> x = [x1;x2];
>> [A,Bu] = equationsToMatrix(eqns,x)

A =                    Bu =
  [  1, 21]              -3*u
  [ -2, -1]               0
```

Matlab: sistemi in forma matriciale

● **NOTA:** il sistema considerato è nella forma A*x=Bu.
Pertanto, il secondo risultato fornito, indicato come vettore
Bu nell'esempio precedente:

– **Non** rappresenta i <u>coefficienti della matrice B</u> nel
generico modello nello spazio degli stati:

$$\begin{cases} \dot{x}(t) = Ax(t) + Bu(t) \\ y(t) = Cx(t) + Du(t) \end{cases}$$

ma rappresenta il prodotto B*u (detta *azione forzante*)

– E' a secondo membro, quindi va cambiato di segno per
ricavarne i coefficienti della matrice B cercata:

```
>> B=-Bu/u    ←SOLO se u
   B =        è scalare!
      3
      0
```

```
>> B=[coeffs(Bu(1),u);
       coeffs(Bu(2),u)]
```
ANCHE se u è un vettore
(ma attenzione ai coefficienti nulli..)

13

Matlab: sistemi in forma matriciale

● **RIASSUMENDO:** la combinazione di comandi più efficace
per estrarre in pochi passi le matrici A e B del modello
nello spazio degli stati di un sistema dinamico è:

1. Scrivere le equazioni in forma simbolica, includendo
simboli per le derivate degli stati (es. `x1dot`, `x2dot`, ecc)

2. Risolvere le equazioni rispetto alle derivate degli stati (i.e.
`solve(eqns,[x1dot x2dot ...])`)

3. Eseguire la equationsToMatrix sulle espressioni ottenute
per le derivate degli stati, rispetto alle variabili di stato:
`[A,Bu]=equationsToMatrix([x1dot; x2dot ..],[x1;x2;..)`

4. Scorporare l'ingresso dalla matrice Bu ottenuta,
cambiandone il segno (es. caso tipico di sistema con
ingresso scalare: `B= -Bu/u`)

14

➡ Si è mostrato in aula che la soluzione dell'equazione differenziale matriciale che descrive il sistema dinamico nello spazio degli stati:

$$\dot{x}(t) = Ax(t); \quad x(0) = x_0, \ x(t) \in \mathbb{R}^n$$

richiede il calcolo dell'esponenziale di A:

$$x(t) = e^{At}x_0$$

15

Matlab: analisi del sistema dinamico ottenuto

➡ La matrice e^{At} si può calcolare manualmente con un procedimento mostrato in aula detto *metodo del polinomio interpolante*

➡ Punto di partenza del metodo: calcolo degli autovalori di A

➡ In Matlab, con A sia numerica che simbolica:

```
>> eig(A)
```

➡ Ricordiamo che gli autovalori sono le radici del polinomio caratteristico ottenuto risolvendo

$$\det(\lambda I - A) = 0$$

16

Matlab: analisi del sistema dinamico ottenuto

◆ In Matlab:

```
>> syms lambda
>> polycar = det(lambda*eye(2) - A)
>> eigenvals = solve(polycar == 0)
eigenvals =


 -41^(1/2)*1i
  41^(1/2)*1i
```

Matlab: esponenziale di matrice (calcolo simbolico)

◆ In Matlab, è necessario definire la matrice A e il simbolo t:

```
>> A=[-4 0; 1 -4]
>> syms t
>> expm(A*t)
ans =
[ 1/exp(4*t),            0]
[ t/exp(4*t), 1/exp(4*t)]
```

NOTA: il risultato è simbolico, i termini esponenziali sono a denominatore, il che equivale ad esponente negativo

Matlab: esponenziale di matrice (calcolo simbolico)

→ Nota la matrice esponenziale, è possibile calcolare il valore dello stato di un sistema dinamico noto lo stato iniziale e il tempo intercorso tra i due stati

```
>> x3=[1; 0]
>> x4=expm(A*(4-3))*x3
x4 =
      0.0183
      0.0183
```

NOTA: il risultato numerico equivale a e^{-4} (in Matlab exp(-4)) per entrambe le variabili di stato..

Matlab: Control System Toolbox

→ La funzione sys=ss(A,B,C,D) crea l'oggetto rappresentativo del modello nello spazio degli stati a partire dalle matrici A,B,C,D

```
>> sys = ss([-2 0;-1 -11],[1;0],[0 1],2)

sys =

  A =
          x1    x2              C =
    x1    -2     0                       x1   x2
    x2    -1   -11                  y1    0    1

  B =                              D =
           u1                              u1
    x1     1                         y1     2
    x2     0
                                   Continuous-time state-space
                                   model.
```

Matlab: Control System Toolbox

La funzione `y=lsim(sys,u,t,x0)` simula l'andamento nel tempo del sistema a partire dalle condizioni iniziali e ne restituisce l'uscita

```
>> t=[0:0.01:10];
>> u=zeros(size(t));
>> x0 = [1 0];
>> y=lsim(sys,u,t,x0);
```

NOTA: se chiamata così
```
>> lsim(sys,u,t,x0)
```
viene aperta la finestra di analisi grafica per sistemi LTI → → → → →

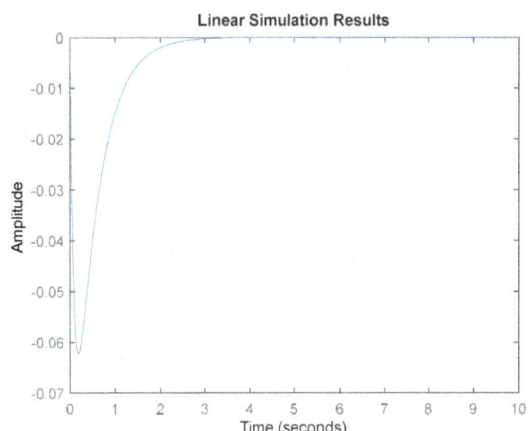

Esercizio 1

Modello di un carrello elevatore a trazione elettrica in modalità di frenatura

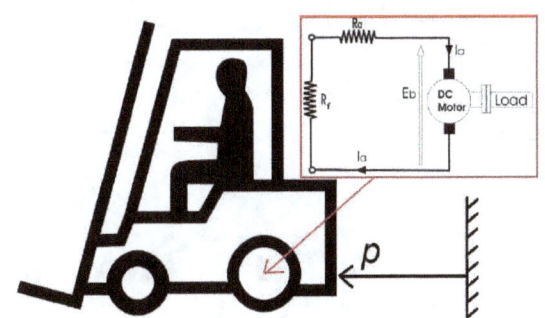

$$m\ddot{p} + b\dot{p} + \frac{k_m^2}{R_a + R_f}\dot{p} = 0$$

$$x_1 = p;\ x_2 = \dot{p};$$

m = 1000; b = 100; R_a = 10; R_f = 90 ; k_m = 300;

Si determini lo spazio percorso e la velocità raggiunta in 12 secondi dal veicolo (i.e. x(t) con t=12) in modalità di frenata, considerando una velocità iniziale di 5m/s, vale a dire:

$$x(0) = \begin{bmatrix} 0 & 5 \end{bmatrix}^T$$

Soluzione esercizio 1

⬥ Ricavare il sistema di equazioni esplicitando i termini derivativi

```
>> syms m km Ra Rf b
>> syms x1 x2 x1dot x2dot u y t

>> x = [x1;x2];
>> xdot = [x1dot;x2dot];
>> eqns = [x1dot == x2; m*x2dot+ b*x2 + (km^2/(Ra +
Rf))*x2==0];

>> [x1dot,x2dot] = solve(eqns,xdot)
x1dot =
x2

x2dot =
-(x2*(km^2 + Ra*b + Rf*b))/(m*(Ra + Rf))
```

Soluzione esercizio 1

⬥ Ricavare le matrici A,B

```
>> [A,Bu]=equationsToMatrix([x1dot;x2dot],x)
A =
[ 0,                                          1]
[ 0, -(km^2 + Ra*b + Rf*b)/(m*(Ra + Rf))]

Bu =
 0
 0

>> B=-Bu/u

B =

 0
 0
```

Soluzione esercizio 1

- ◆ Ricavare la matrice A in forma numerica

```
>> m = 1000;
>> b = 100;
>> Ra = 10;
>> Rf = 90;
>> km = 300;

>> A=subs(A);
>> A=double(A)
A =

      0     1
      0    -1
```

- ◆ Ricavare l'esponenziale di matrice in forma simbolica

```
>> eAt = expm(A*t)

eAt =

[ 1, 1 - exp(-t)]
[ 0,     exp(-t)]
```

Soluzione esercizio 1

- ◆ Risolvere l'esercizio in forma numerica

```
>> x0 = [0;5];
>> tf = 12;

x_12 = expm(A*tf)*x0

x_12 =

    5.0000
    0.0000
```

NOTA: il risultato è arrotondato, di default Matlab mostra solo 4 cifre dopo il punto decimale. Per mostrare più cifre:

```
>> format long
>> x_12
x_12 =
   4.999969278938233
   0.000030721061767
```

Soluzione esercizio 1

▶ Confronto con lsim nel caso $y = x_2$

```
>> C = [0 1];
>> D = 0;
>> sys = ss(A,B,C,D);
>> t=[0:0.01:12];
>> u=zeros(size(t));
>> x0 = [0 5];
>> lsim(sys,u,t,x0)
```

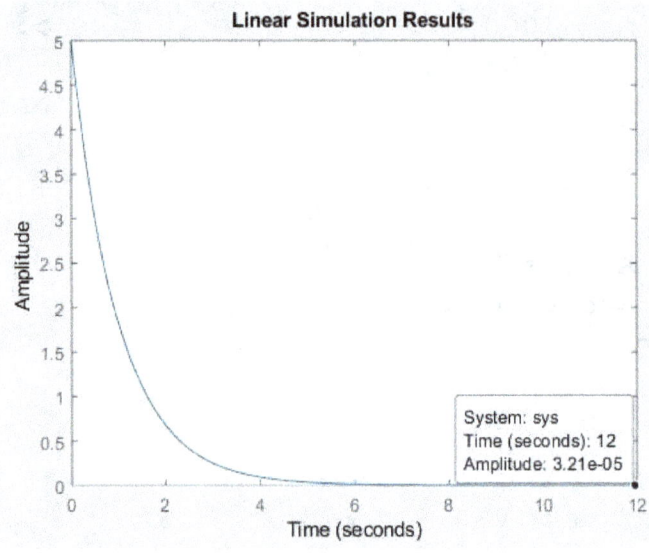

Esercizio 2

▶ Modello semplificato della dinamica longitudinale di un aereo

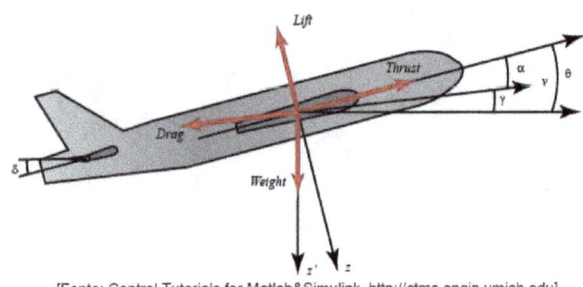

[Fonte: Control Tutorials for Matlab&Simulink, http://ctms.engin.umich.edu]

$$\dot{\alpha} = -2\alpha + C_q q + 2\delta$$
$$\dot{q} = -\alpha - 4q + \delta$$
$$\dot{\theta} = C_q q$$

$$x_1 = \alpha; \quad x_2 = q; \quad x_3 = \theta; \quad u = \delta; \quad y = \theta;$$

Si determini l'uscita all'istante t=10 data la condizione iniziale x0 = [1;0;0], t0=0 con Cq=1

Soluzione esercizio 2

```
>> syms x1 x2 x3 x1dot x2dot x3dot u Cq

>> eqns = [x1dot == -2*x1+Cq*x2+2*u;x2dot==-x1-
4*x2+u;x3dot==Cq*x2];
>> [x1dot,x2dot,x3dot]=solve(eqns,[x1dot;x2dot;x3dot])
>> [A,Bu]=equationsToMatrix([x1dot;x2dot;x3dot],[x1;x2;x3])
>> B=-Bu/u;
% oppure
>> B=-[coeffs(Bu(1),u);coeffs(Bu(2),u);0];
>> C=[0 0 1];
>> D=0;
>> Cq=1;
>> A=double(subs(A));
>> x0=[1;0;0];
>> tf=10;
>> xf=expm(A*tf)*x0;
>> yf=C*xf
```

Matlab

Trasformate di Laplace in Matlab
(e toolbox Control Systems + Symbolic)

Matlab: trasformate e antitrasformate di Laplace

- La trasformata e l'antitrasformata di Laplace sono strumenti matematici importanti per l'Ingegneria, soprattutto per l'Automatica
- In ambiente Matlab, le operazioni di Laplace sono supportate da due toolbox alternativi (e, aimè, ad oggi non intercambiabili):
  - **Symbolic Toolbox**: `laplace()` / `ilaplace()`
  - **Control Systems Toolbox**: sistemi modellati con `tf()` (Transfer Function)

Matlab: trasformate e antitrasformate di Laplace

- Operazioni di base con **Symbolic Toolbox**:
  - Trasformata dell'impulso di **Dirac**:

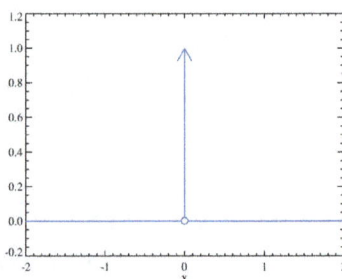

```
>> syms t s
>> D(s) = laplace(dirac(t),t,s)
 D(s) =
 1
```

NOTA: `t` = argomento della funzione da trasformare

`s` = argomento della funzione trasformata

Si possono omettere in quanto di default `laplace()` considera i simboli `t` ed `s`, purchè già definiti nel workspace

Matlab: trasformate e antitrasformate di Laplace

◆ Operazioni di base con **Symbolic Toolbox**:
- – Trasformata del gradino (i.e. funzione di **Heaviside**):

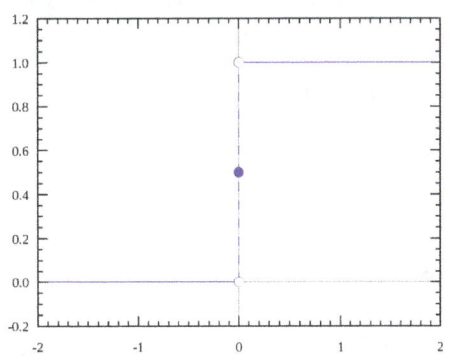

```
>> H(s) = laplace(heaviside(t))
 H(s) =
 1/s
```

33

Matlab: trasformate e antitrasformate di Laplace

◆ Operazioni di base con **Symbolic Toolbox**:
- – Traslazione nel tempo

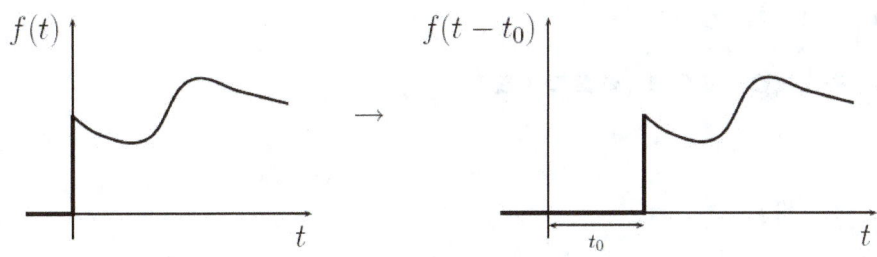

```
>> H(s) = laplace(heaviside(t-3))
 H(s) =
 exp(-3*s)/s
```

34

Matlab: trasformate e antitrasformate di Laplace

- ➡ Operazioni di base con **Symbolic Toolbox**:
  - – Trasformata della derivata di una funzione:

```
>> syms f(t)
>> Df=diff(f,t)
 Df(t) =
 diff(f(t), t)
>> Ds=laplace(Df)
 Ds =
 s*laplace(f(t), t, s) - f(0)
```

Matlab: trasformate e antitrasformate di Laplace

- ➡ Operazioni di base con **Symbolic Toolbox**:
  - – Trasformate di altre funzioni notevoli:

```
>> syms a t s w
>> E(s)=laplace(exp(a*t))
 E(s) =
 -1/(a - s)
>> C(s)=laplace(cos(w*t))
 C(s) =
 s/(s^2 + w^2)
>> C(s)=laplace(sin(w*t))
 C(s) =
 w/(s^2 + w^2)
```

→ Operazioni di base con **Symbolic Toolbox**:
  – Trasformata di segnale composito (primo es.)

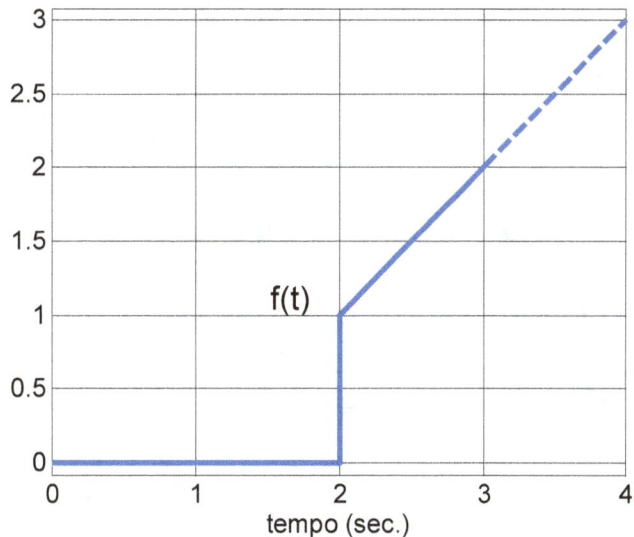

Matlab: trasformate e antitrasformate di Laplace

→ Operazioni di base con **Symbolic Toolbox**:
  – Trasformata di segnale composito (primo es.)

```
>> F=laplace(heaviside(t-2)*(1 + (t-2)))
 F =
 (exp(-2*s)*(s + 1))/s^2
```

NOTA: anche il termine corrispondente alla rampa traslata di due secondi è moltiplicato per la funzione di Heaviside. Questo è necessario per mantenere la definizione del segnale coerente con l'intervallo di integrazione di Laplace (i.e. da 0 a +∞)

▶ Operazioni di base con **Symbolic Toolbox**:

– Trasformata di segnale composito (secondo es.)

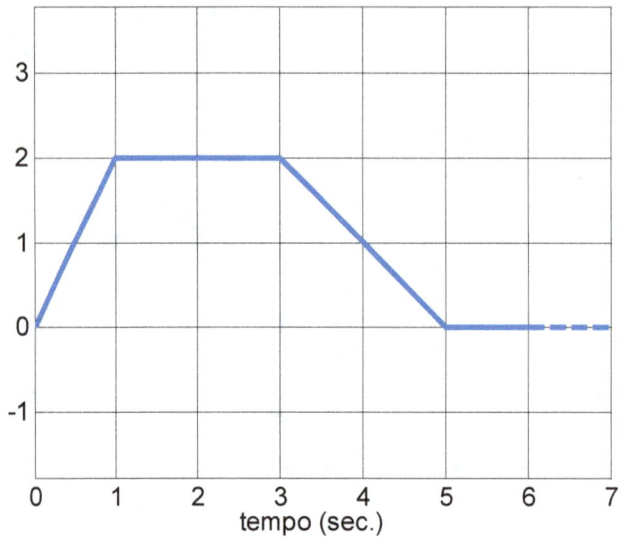

▶ Operazioni di base con **Symbolic Toolbox**:

– Trasformata di segnale composito (secondo es.)

```
>> F=laplace(heaviside(t)*2*t + ...
            heaviside(t-1)*(-2)*(t-1) + ...
            heaviside(t-3)*(-1)*(t-3) + ...
            heaviside(t-5)*(t-5))
F =
exp(-5*s)/s^2 - exp(-3*s)/s^2 -
                (2*exp(-s))/s^2 + 2/s^2
```

⇨ Come descritto nelle dispense principali del corso (FdA-2.1-FunzioniTrasferimento), l'applicazione della trasformata di Laplace ai modelli differenziali nello spazio degli stati permette di ottenere la **matrice di trasferimento** (o funzione di trasferimento, FdT, per sistemi SISO):

$$G(s) = C(sI - A)^{-1}B + D$$

$$\mathcal{L}[e^{At}] = (sI - A)^{-1}$$

NOTA: D = 0 nei sistemi puramente dinamici

41

⇨ Si considerino le matrici:

$$A = \begin{bmatrix} -3 & 0 \\ 1 & -6 \end{bmatrix} \quad B = \begin{bmatrix} 1 \\ 1 \end{bmatrix} \quad C = [1 \quad 1]$$

⇨ In Matlab:

```
>> A=[-3 0; 1 -6]
>> B=[1; 1]
>> C=[1 1]
```

42

➡ Con **Symbolic Toolbox**:

```
>> syms s
>> sA=inv(s*eye(2) - A)   ← eye(2)= identità 2x2..
sA =
[               1/(s + 3),          0]
[ 1/((s + 3)*(s + 6)), 1/(s + 6)]
>> G=C*sA*B
G =
1/(s + 3) + 1/(s + 6) + 1/((s + 3)*(s + 6))
>> G=collect(G)
G =
(2*s + 10)/(s^2 + 9*s + 18)
```

43

➡ **NOTA**: si ricordi che la funzione (matrice) di trasferimento è di fatto la trasformata di Laplace della funzione (matrice) di risposta impulsiva:

$$W(t) = Ce^{At}B$$

$$\mathcal{L}[W(t)] = C\mathcal{L}[e^{At}]B = C(sI - A)^{-1}B$$

NOTA: Si considerano solo sistemi puramente dinamici per limitare l'analisi a funzioni di risposta non impulsive a loro volta (i.e. se D≠0, W(t) include δ(t))

44

▶ Con **Symbolic Toolbox:**

```
>> eA=expm(A*t)
eA =
[                         exp(-3*t),            0]
[ exp(-3*t)/2 - exp(-6*t)/2, exp(-6*t)]
>> W=C*eA*B
W =
(4*exp(-3*t))/3 + (2*exp(-6*t))/3
>> G1=collect(laplace(W))
G1 =
(2*s + 10)/(s^2 + 9*s + 18)
```

▶ **Ovviamente,** l'operazione di antitrasformazione conferma la relazione tra le **rappresentazioni ingresso-uscita** (*tempo → W(t) vs. Laplace → G(s)*):

```
>>  W1=ilaplace(G1)
W1 =
(4*exp(-3*t))/3 + (2*exp(-6*t))/3
```

o anche:

```
>>  W2=ilaplace(G)
W2 =
(4*exp(-3*t))/3 + (2*exp(-6*t))/3
```

Matlab: Laplace ed equazioni differenziali

➡ **NOTA:** il denominatore della funzione di trasferimento è certamente di grado inferiore a quello del denominatore (**funzione razionale strettamente propria**) per sistemi puramente dinamici!!

➡ Si ricordi inoltre che **sistemi fisicamente realizzabili** avranno funzioni di trasferimento proprie (i.e. grado del numeratore al più uguale a quello del denominatore)

Matlab: Laplace e risposta del sistema

➡ Gli strumenti di trasformazione e anti-trasformazione permettono di calcolare **l'espressione analitica della risposta** di un sistema rispetto a qualunque segnale, senza svolgere integrali di convoluzione (necessari invece nel dominio del tempo):

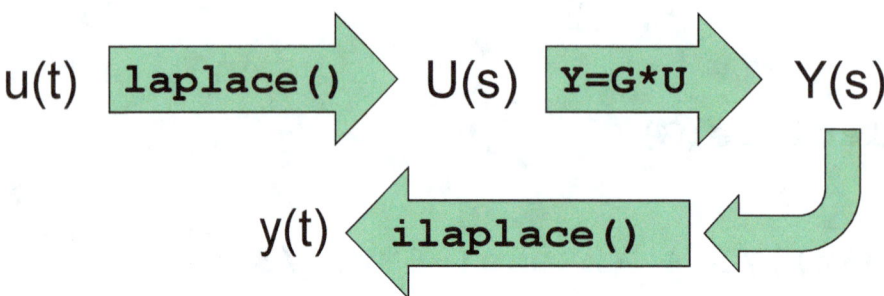

u(t) → `laplace()` → U(s) → `Y=G*U` → Y(s) → y(t) ← `ilaplace()`

■ Con **Symbolic Toolbox**:

```
>> u=heaviside(t)*2*t + ...
      heaviside(t-1)*(-2)*(t-1) + ...
      heaviside(t-3)*(-1)*(t-3) + ...
      heaviside(t-5)*(t-5)
>> U=laplace(u)
>> Y=G*U
>> y=ilaplace(Y)
>> fplot(u,[0 10])
>> hold on
>> fplot(y,[0 10])
```

■ Grafico ottenuto con `fplot()` (estensione di `plot()` per il **Symbolic Toolbox**):

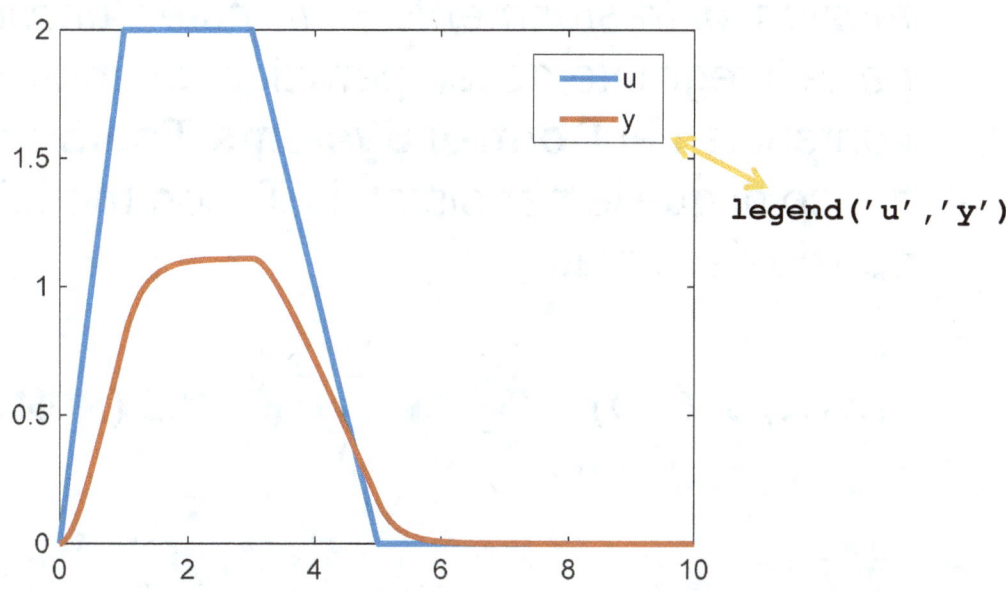

- **NOTA**: `fplot()` opera direttamente sull'espressione simbolica, mentre `plot()` opera solo su vettori numerici

- Per ottenere un grafico numerico, occorre sostituire nell'espressione simbolica un opportuno insieme di valori per le variabili indipendenti e convertire in **double**:

```
>> vals=subs(u,t,0:0.1:10)
>> vals=double(vals)
>> plot(vals)
```

- La rappresentazione del modello di un sistema con funzioni complesse di variabili complesse (i.e. *funzioni di trasferimento* → *transfer functions*) è parte integrante delle operazioni di analisi contenute nel **Control Systems Toolbox**, a fianco di quelle per sistemi LTI con modello nello spazio degli stati:

`ss(A,B,C,D)` ⟺ `tf(NUM,DEN)`

Matlab: Laplace nel Control Systems Toolbox

➡ Con **Control Systems Toolbox**:

```
>> sys=ss(A,B,C,0)   ← D=0, necessario quarto parametro..
>> G=tf(sys)
Transfer function:
   2 s + 10
-------------
s^2 + 9 s + 18
```

Oppure anche, calcolando i coefficienti di numeratore e denominatore della FdT:

```
>> [Num,Den]=ss2tf(A,B,C,0)
Num = 0      2     10
Den = 1      9     18
>> G=tf(Num,Den)
```

Matlab: Laplace nel Control Systems Toolbox

➡ Oltre al passaggio alla funzione `tf(num,den)` dei due vettori contenenti i coefficienti della FdT, esiste un'alternativa comoda per definire la FdT con la struttura del **Control Systems Toolbox**:

```
>> s=tf('s')    ← "definisce" la variabile di Laplace
>> Gc=10*(1+s)^2/s/(1+s/0.1)/(1+s/100)
```

NOTA: in questo caso s **NON è una variabile simbolica**, ma una vera e propria FdT rappresentata con la struttura dati corrispondente del Control Systems Toolbox..

→ Il comando `lsim()` già visto (FdA-E.1-IntroMatlab) permette di calcolare la risposta di una FdT rispetto a qualunque segnale

→ **NOTA:** se usato su un oggetto di tipo `tf`, il comando `lsim()` considera implicitamente stato iniziale x0=0, indipendentemente dal valore fornito come parametro:

(con `vals` come da slide 20-22)

```
>> timevals=0:0.1:10
>> lsim(G,vals,timevals)
```

→ Grafico ottenuto con `lsim()`:

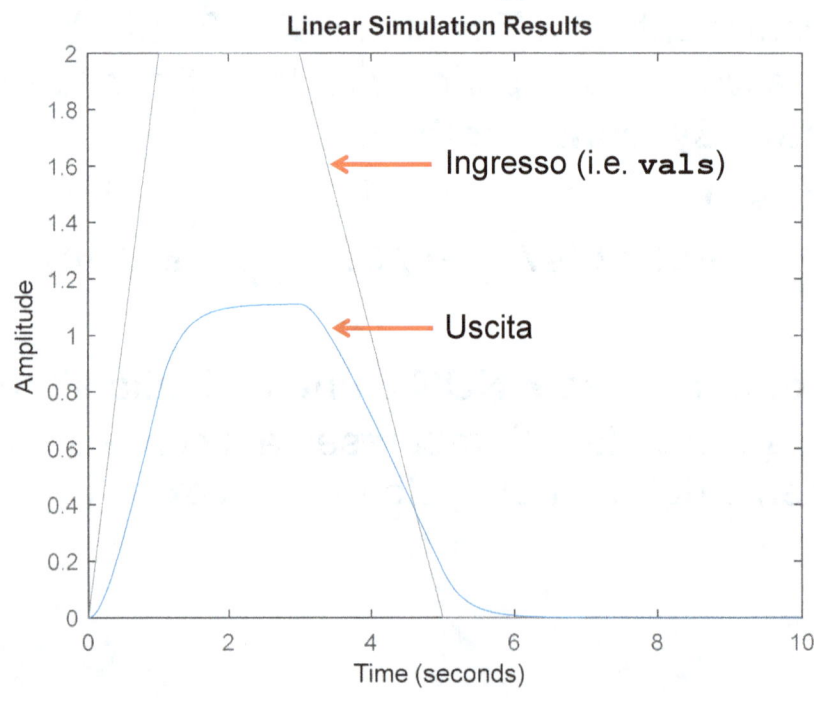

Linear Simulation Results

Ingresso (i.e. **vals**)

Uscita

■■■■■■■■■■■■■■■■■■■■ ■■ ■■ ■■ ■■ ■■ ■■ ■■ ■□ □□

➡ La risposta a segnali tipici come l'impulso di Dirac o il gradino (i.e. **dirac(t)** e **heaviside(t)** nel **Symbolic Toolbox**) è direttamente ottenuta da funzioni specifiche del Control Systems Toolbox:

`>> impulse(G)`

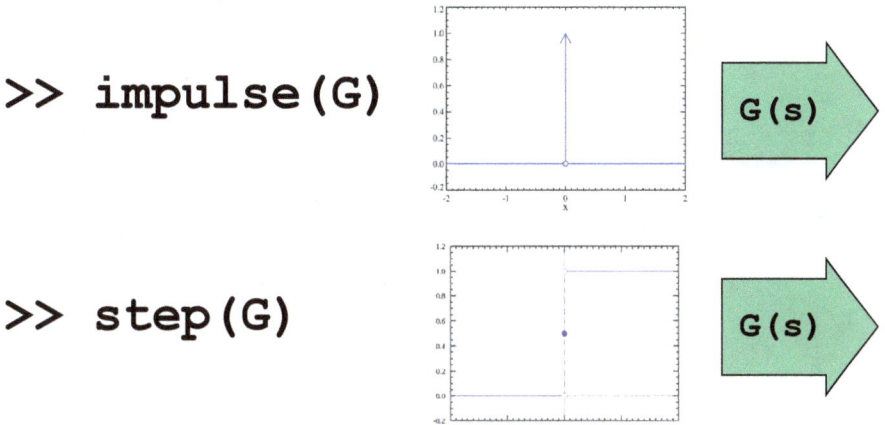

`>> step(G)`

■■■■■■■■■■■■■■■■■■■■ ■■ ■■ ■■ ■■ ■■ ■■ ■■ ■□ □□

➡ Symbolic Toolbox:
  – Impulso:

`>> W=C*eA*B`

`>> fplot(W,[0 2])`

  – Gradino:

`>> Gs=laplace(W)`

`>> Us=1/s`

`>> Ys=G*Us`

`>> yt=ilaplace(Ys)`

`>> fplot(yt,[0 2])`

➡ Control Systems Tlbx:
  – Impulso:

`>> impulse(G)`

  – Gradino:

`>> step(G)`

Matlab: risposta della FdT con Control Systems Tlbx

➡ Symbolic Toolbox:
- Impulso:

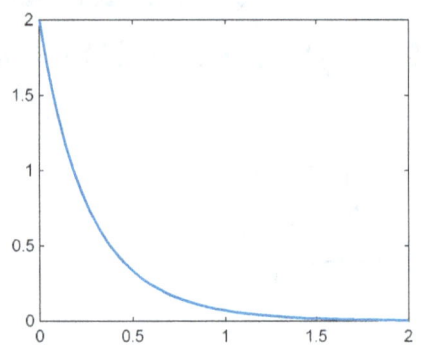

➡ Control Systems Tlbx:
- Impulso:

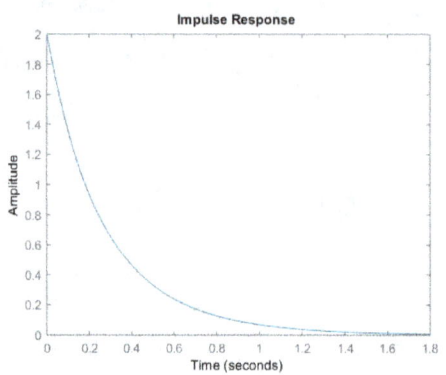

59

Matlab: risposta della FdT con Control Systems Tlbx

➡ Symbolic Toolbox:
- Gradino:

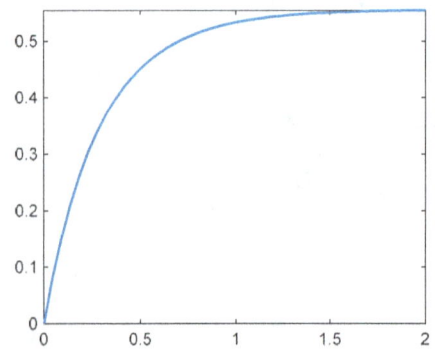

➡ Control Systems Tlbx:
- Gradino:

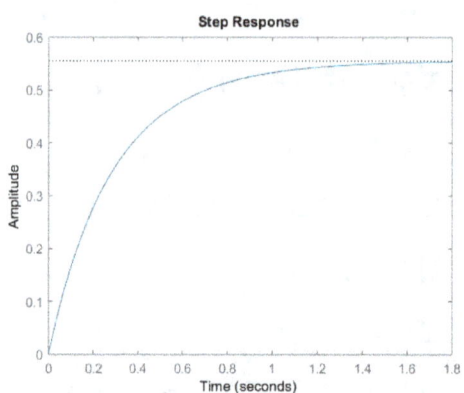

60

➡ **NOTA:** il grafico ottenuto con il Control Systems Toolbox è interattivo e molto più ricco di funzionalità rispetto al grafico *standard* del Symbolic Toolbox

➡ Si verifichino le funzionalità supportate tramite il click con tasto destro del mouse...

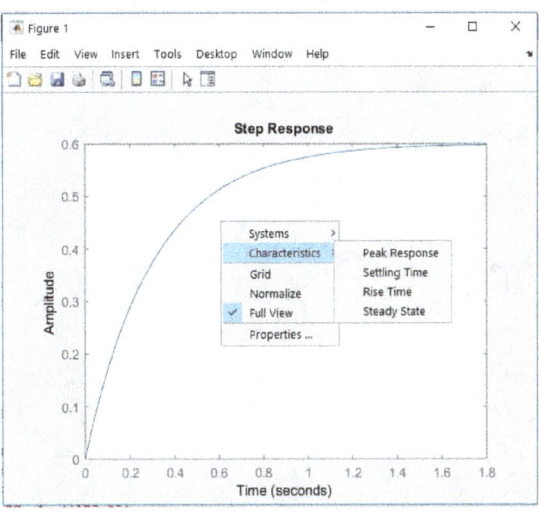

ESEMPIO COMPLETO DI ANALISI

Esempio completo: circuito RC multimaglia

⮞ Si consideri il seguente circuito (con y = x_3):

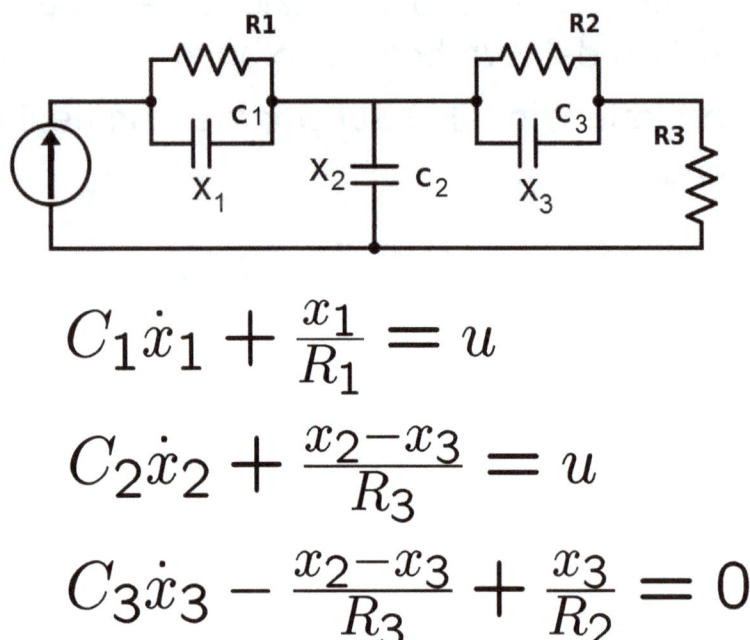

$$C_1 \dot{x}_1 + \frac{x_1}{R_1} = u$$

$$C_2 \dot{x}_2 + \frac{x_2 - x_3}{R_3} = u$$

$$C_3 \dot{x}_3 - \frac{x_2 - x_3}{R_3} + \frac{x_3}{R_2} = 0$$

63

Soluzione modello matematico (spazio degli stati)

```
>> syms x1 x2 x3 x1dot x2dot x3dot u C1 C2 C3 R1 R2 R3
>> eqns = [C1*x1dot + x1/R1 == u;
           C2*x2dot + (x2-x3)/R3 == u;
           C3*x3dot - (x2-x3)/R3 + x3/R2 == 0];
>> [x1dot,x2dot,x3dot]=solve(eqns,[x1dot;x2dot;x3dot]);
>> [A,Bu]=equationsToMatrix([x1dot;x2dot;x3dot],[x1;x2;x3]);
>> B=-Bu/u;
>> C=[0 0 1];
>> D=0;
```

Con parametri: $C_1 = C_2 = C_3 = 0,1$; $R_1 = R_2 = 10$; $R_3 = 5$;

```
>> C1=0.1; C2=0.1; C3=0.1; R1 = 10; R2 = 10; R3 = 5;
>> A=double(subs(A));
>> B=double(subs(B));
>> sys=ss(A,B,C,0)
```

64

Passaggio alla funzione di trasferimento

➡ Si noti il grado dei polinomi nella FdT ottenuta:

```
>> G=tf(sys)

G =

         20
    --------------
    s^2 + 5 s + 2
```

PERCHÉ?? Con A 3x3 si dovrebbe ottenere una FdT con denominatore di grado 3...

Passaggio alla funzione di trasferimento

➡ Il sistema considerato **NON** è **completamente raggiungibile-controllabile** e **completamente osservabile-ricostruibile!!**

➡ Per tale motivo, i poli della FdT (i.e. radici del denominatore) sono un sottoinsieme degli autovalori di A:

```
>> eig(A)              >> pole(G)
ans =                  ans =
    -4.5616                -4.5616
    -1.0000                -0.4384
    -0.4384
```

Matlab: test di controllabilità / osservabilità

- ▶ Per verificare se il sistema considerato sia completamente raggiungibile-controllabile è necessario costruire la **matrice di raggiungibilità**:

$$P = \begin{bmatrix} B & AB & A^2B & \dots & A^{n-1}B \end{bmatrix}$$

  e verificare che abbia **rango = n** (con A nxn)

- ▶ Per verificare se il sistema considerato sia completamente osservabile-ricostruibile è necessario costruire la **matrice di osservabilità**:

$$Q = \begin{bmatrix} C & CA & CA^2 & \dots & CA^{n-1} \end{bmatrix}^T$$

  e verificare che abbia **rango = n** (con A nxn)

Matlab: test di controllabilità / osservabilità

- ▶ Grazie al **Control Systems Toolbox**, il test è eseguibile semplicemente lanciando i comandi:

```
>> P=ctrb(A,B)
```

  per la matrice di raggiungibilità, poi ➔ `rank(P)` per il test di controllabilità

```
>> Q=obsv(A,C)
```

  per la matrice di osservabilità, poi ➔ `rank(Q)` per il test di osservabilità

Matlab: test di controllabilità / osservabilità

- **Nel caso considerato, risulta:**

```
>> P=ctrb(A,B)
P =   10   -10    10
      10   -20    80
       0    20  -100
>> rank(P)
ans = 3
>> Q=obsv(A,C)
Q =    0     0     1
       0     2    -3
       0   -10    13
>> rank(Q)
ans = 2
```

NOTA: sistema completamente controllabile, MA NON completamente osservabile…

Matlab: risposta del sistema non osservabile

- **Si può verificare come ulteriore riscontro che la variabile di stato x_1 NON influenza il comportamento ingresso-uscita:**

```
>> time=0:0.01:10;
>> lsim(sys,sin(4*time),time,[1 1 1])
>> figure
>> lsim(sys,sin(4*time),time,[3 1 1])
```

Stato iniziale x(0)

- **Come previsto, infatti, i grafici ottenuti con due condizioni iniziali dello stato che differiscono per la prima componente sono identici…**

◆ **NOTA1**: si noti che la funzione `lsim()` è stata eseguita sulla struttura `sys`, modello nello spazio degli stati. La stessa funzione, se chiamata sulla struttura `G` di tipo `tf`, non terrebbe conto dello stato iniziale

◆ **NOTA2**: eliminando la prima riga e/o la prima colonna dalle matrici A,B,C (i.e. termini relativd ad x_1) e ricalcolando la FdT, il risultato è invariato:

```
>> Ao = A(2:3,2:3); Bo = B(2:3); Co=C(2:3);
>> sys1 = ss(Ao,Bo,Co,0)
>> G1 = tf(sys1)
```

71

Matlab

Risposta di Funzioni di Trasferimento e Diagrammi a Blocchi
(Matlab/Simulink + Control Systems + Symbolic)

Matlab: Laplace e risposta del sistema

⬛ Come visto in precedenza, l'utilizzo di trasformata e anti-trasformata di Laplace permette di calcolare **l'espressione analitica della risposta** di un sistema rispetto a qualunque segnale, senza svolgere integrali di convoluzione (necessari invece nel dominio del tempo):

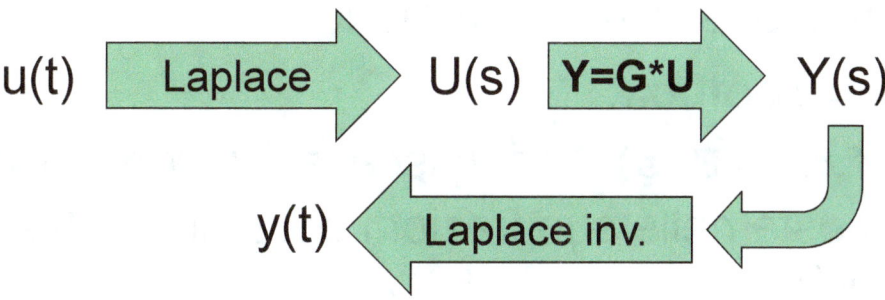

Matlab: risposta di Funzioni di Trasferimento

⬛ Lo svolgimento manuale dei calcoli necessari per ottenere l'antitrasformata di Laplace di una funzione razionale (caso tipico delle Funzioni di Trasferimento, FdT, di un Sistema LTI) richiede la **scomposizione in fratti semplici** della funzione:

$$F(s) = \frac{N(s)}{D(s)} = \frac{N(s)}{(s-p_1)(s-p_2)\dots(s-p_n)} = \sum_{i=1}^{n} \frac{k_i}{s-p_i}$$

$$k_i = \left[(s-p_i)\frac{N(s)}{D(s)}\right]_{s \to p_i}$$

Residuo di F(s) nel polo p^i

$$f(t) = \sum_{i=1}^{n} k_i e^{p_i t}$$

Matlab: risposta di Funzioni di Trasferimento

➡ La scomposizione in fratti semplici è supportata da Matlab sia per operazioni numeriche che simboliche

➡ **Matlab** (standard):

– `[R,P,k]=residue(Num,Den)` restituisce il vettore dei residui R, quello dei poli P e l'eventuale termine costante k

➡ **Symbolic Toolbox**:

– `partfrac(F,s)` restituisce la funzione F(s) scomposta nelle sue frazioni parziali (i.e. fratti semplici)

75

Matlab: scomposizione in fratti semplici

➡ Esempio (**Matlab standard**):

$$F(s) = \frac{6s+26}{s^2+8s+15}$$

```
>> [R,P,k]=residue([6 26],[1 8 15])
R =

      2

      4

P =

     -5

     -3
k = []
```

76

Matlab: scomposizione in fratti semplici

→ Esempio (**Symbolic toolbox**):

$$F(s) = \frac{6s+26}{s^2+8s+15}$$

```
>> syms s
>> G=(6*s + 26)/(s^2 + 8*s + 15)
G =
(6*s + 26)/(s^2 + 8*s + 15)
>> partfrac(G)
ans =
4/(s + 3) + 2/(s + 5)
```

Matlab: trasformate e antitrasformate di Laplace

→ **NOTA**: il risultato ottenuto è ovviamente propedeutico all'espressione dell'antitrasformata della F(s), che si ottiene immediatamente ricordando che:

$$\mathcal{L}^{-1}\left[\frac{k_i}{s-p_i}\right] = k_i e^{p_i t}$$

e quindi: $f(t) = 4e^{-3t} + 2e^{-5t}$

→ Chiaramente, il risultato finale corrisponde a quello calcolabile direttamente con `ilaplace(F)` (per la funzione simbolica)

Matlab: risposta della FdT con Control Systems Tlbx

➡ La F(s) precedente può essere una Funzione di Trasferimento (la sua antitrasformata corrisponde alla risposta della FdT all'impulso di Dirac) oppure una FdT moltiplicata per un ingresso (es. gradino ➔ 1/s)

➡ Come già visto (FdA-E.2-Matlab-Laplace) esistono funzioni specifiche del Control Systems Toolbox:

`>> impulse(G)`

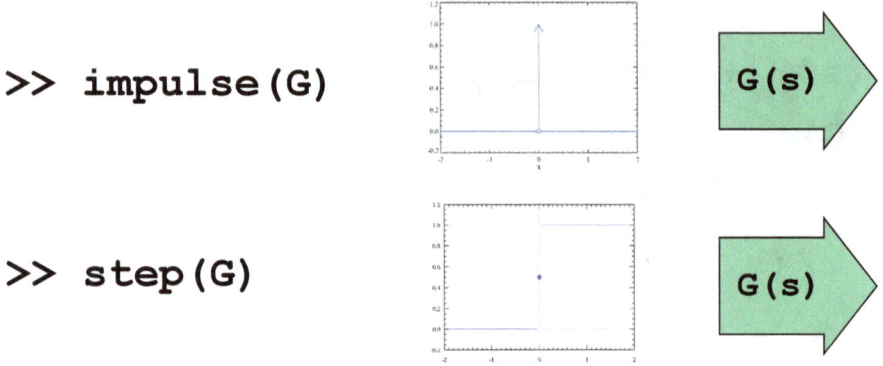

G(s)

`>> step(G)`

G(s)

79

Matlab: risposta della FdT con Control Systems Tlbx

➡ Il grafico ottenuto con il Control Systems Toolbox è interattivo e ricco di funzionalità, supportate tramite il click con tasto destro del mouse...

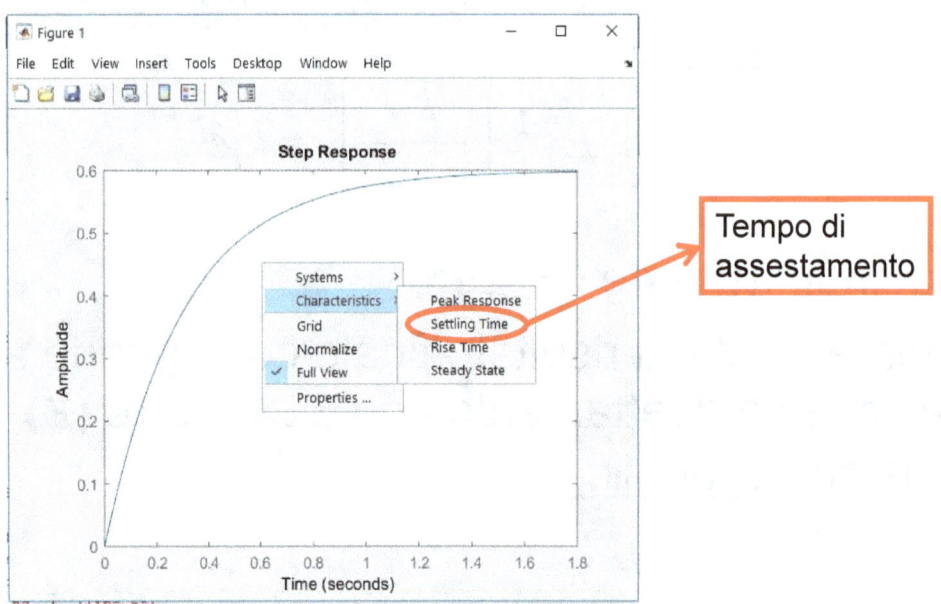

Tempo di assestamento

80

Matlab: risposta al gradino e tempo di assestamento

➡ **NOTA**: è importante osservare che il tempo di assestamento (*settling time*) calcolato da Matlab corrisponde al raggiungimento della risposta di una fascia del +/- 2% (**di default**) rispetto al valore a regime (steady state), cioè per $t \to \infty$

➡ Nelle dispense di questo corso e negli esercizi d'esame si considerano invece **formule per il tempo di assestamento** valide rispetto ad una **fascia del +/- 5%**

➡ Le impostazioni del grafico ottenuto con `step()` si possono (devono!) modificare coerentemente…

Matlab: risposta al gradino e tempo di assestamento

➡ Modifica delle impostazioni sulla soglia per il tempo di assestamento:

1. Tramite **configurazione del plot specifico**:

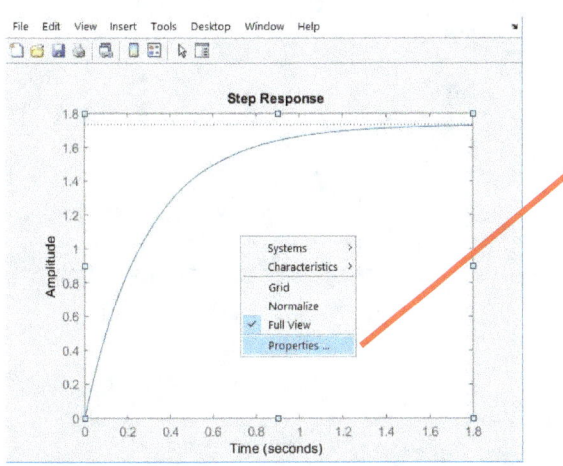
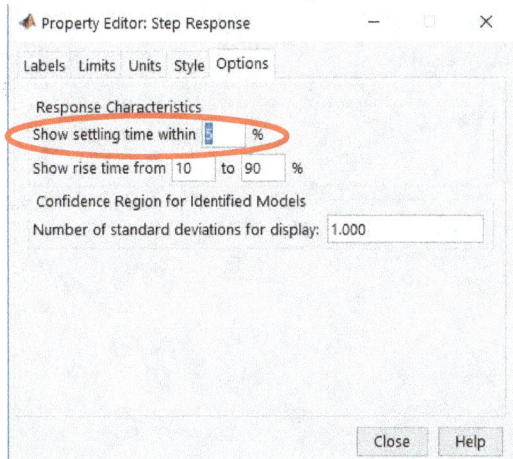

Matlab: risposta al gradino e tempo di assestamento

➡ Modifica delle impostazioni sulla soglia per il tempo di assestamento:

2. Tramite parametro con struttura **timeoptions** (riutilizzabile per ogni chiamata successiva):

```
>> Popts = timeoptions
>> Popts.SettleTimeThreshold = 0.05
>> step(G,Popts)
```

Matlab: risposta al gradino e tempo di assestamento

T_a al +/-5%

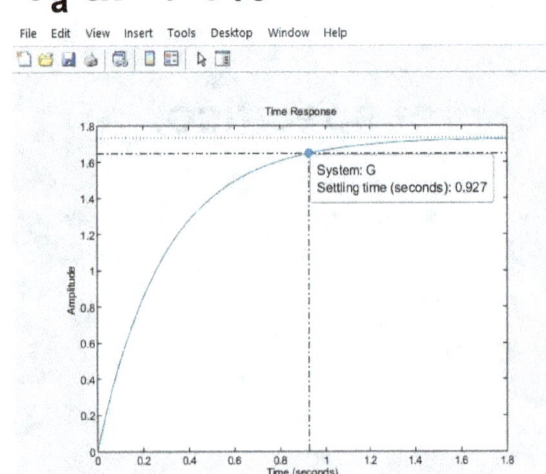

T_a al +/-2%

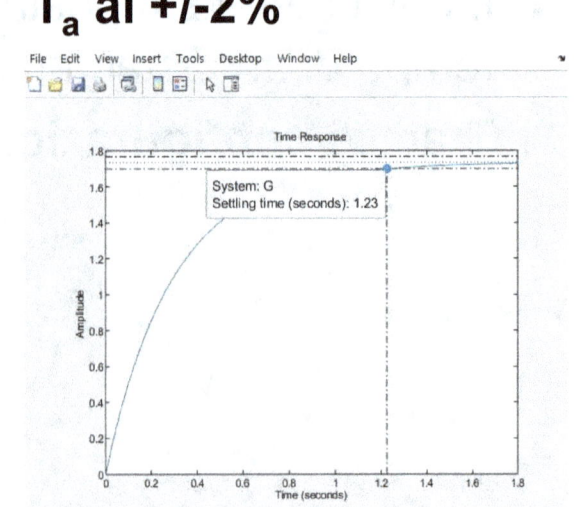

Matlab: risposta al gradino e tempo di assestamento

◆ **NOTA**: le caratteristiche importanti della risposta al gradino si possono anche ottenere da prompt, senza passare dal grafico, e con impostazione diretta della soglia per il tempo di assestamento:

```
>> stepinfo(G,'SettleTimeThreshold',0.05)
      RiseTime: 0.6732
      SettlingTime: 0.9265
      SettlingMin: 1.5613
      SettlingMax: 1.7319
      ...
```

DIAGRAMMI A BLOCCHI IN SIMULINK

Simulink: introduzione

➡️ Il software Simulink è l'estensione di Matlab per la simulazione numerica di sistemi descritti da diagrammi a blocchi

➡️ Simulink supporta la descrizione di qualunque genere (i.e. sistemi lineari e nonlineari, tempo-continui e tempo-discreti, stazionari e non stazionari), svolgendone la simulazione tramite la scelta (<u>automatica</u>) dell'algoritmo più opportuno per la **soluzione numerica della corrispondente equazione differenziale**

Simulink: introduzione

➡️ Da Matlab:

```
>> simulink
```

Oppure:

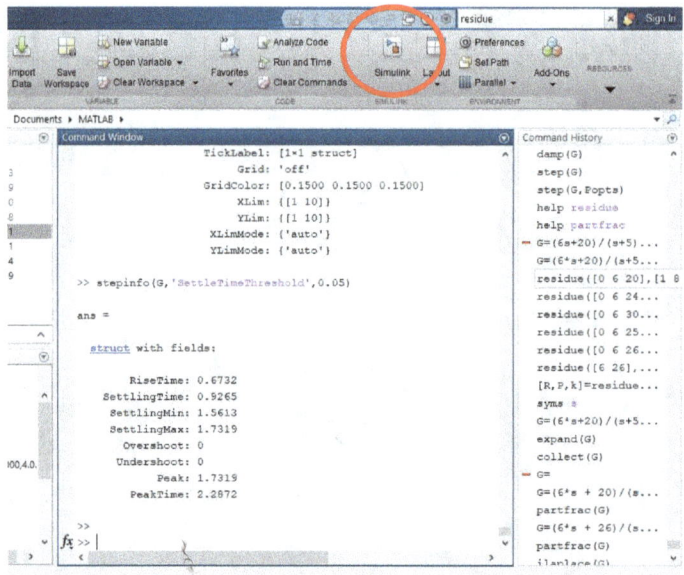

Simulink: introduzione

➡ New ➜ Blank Model:

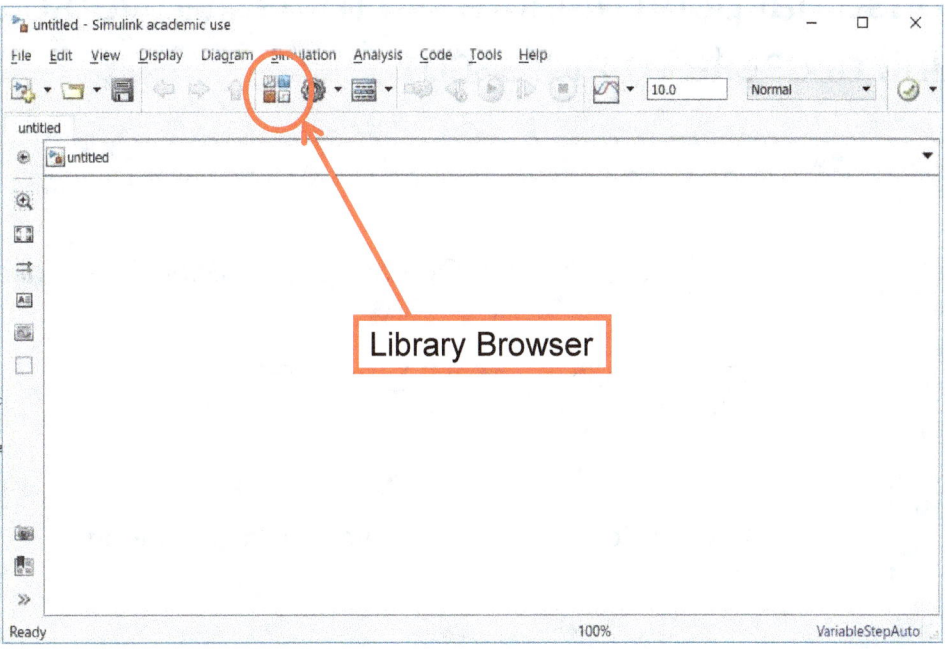

Simulink: introduzione

➡ Library Browser, sezioni di interesse per sis. LTI

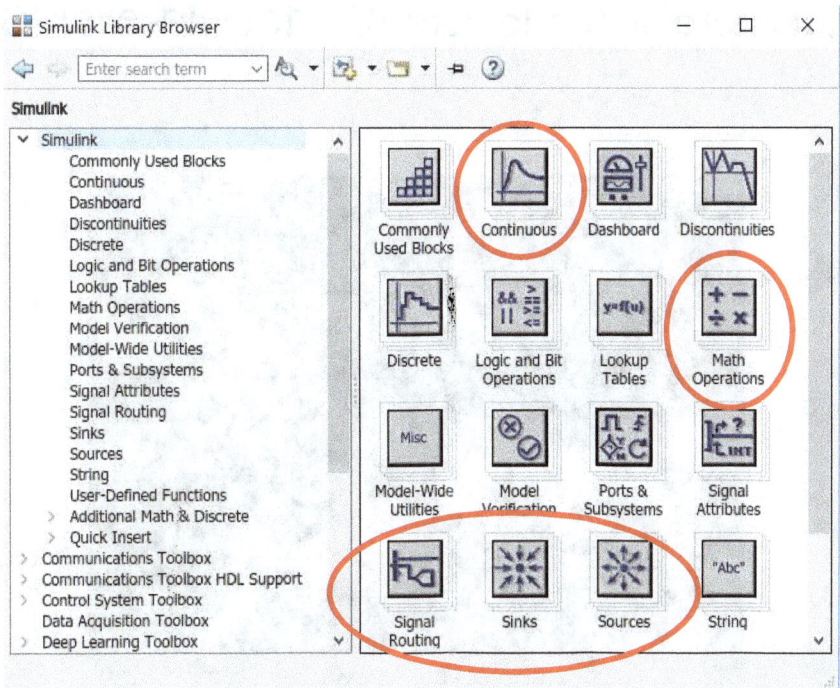

Simulink: introduzione

➡️ Drag/Drop dal Library Brower + trascinamento del mouse dai punti di ingresso (o uscita) verso altri punti di uscita (o ingresso):

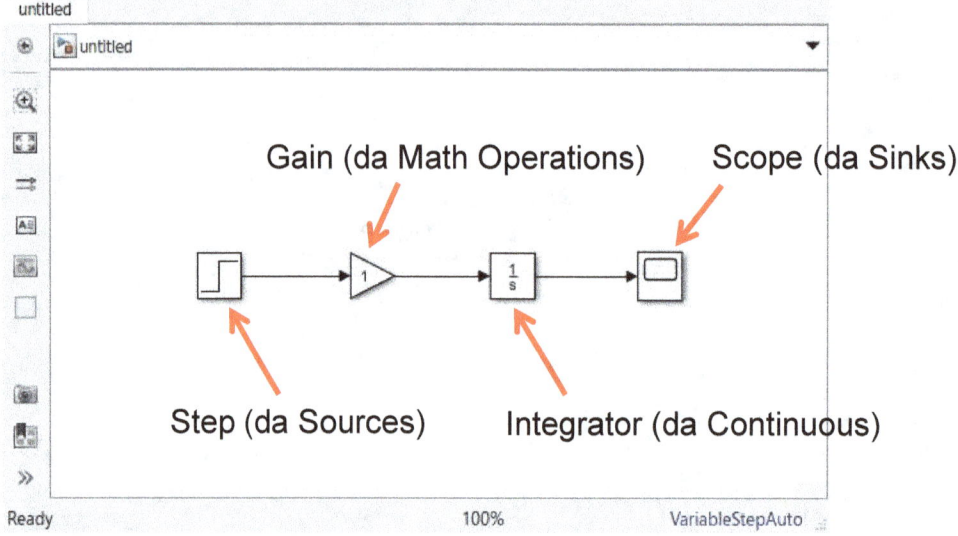

Simulink: introduzione

➡️ Simulation ➜ Run (o Ctrl+T o icona "Run" con triangolo nero su tondo verde) + double-click Scope:

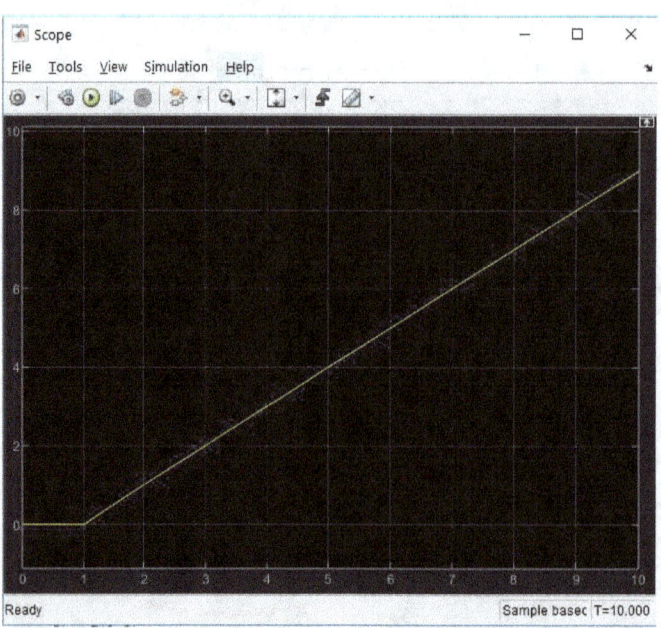

Simulink: esempio di sistema di ordine 2

➡ Da "Simulink for begineers" © Heikki Koivo:

DAMPED OSCILLATOR

Solve the damped oscillator problem

$$\frac{d^2x}{dt^2} + 5\frac{dx}{dt} + 9x = u(t)$$

$$\frac{dx}{dt} = \dot{x}(0) = -2$$
$$x(0) = 2$$

Assume that u(t) = 0, that is, there is no input.

93

Simulink: esempio di sistema di ordine 2

➡ Da "Simulink for beginners" © Heikki Koivo:

(NOTA: cambiare la Initial Condition degli integratori)

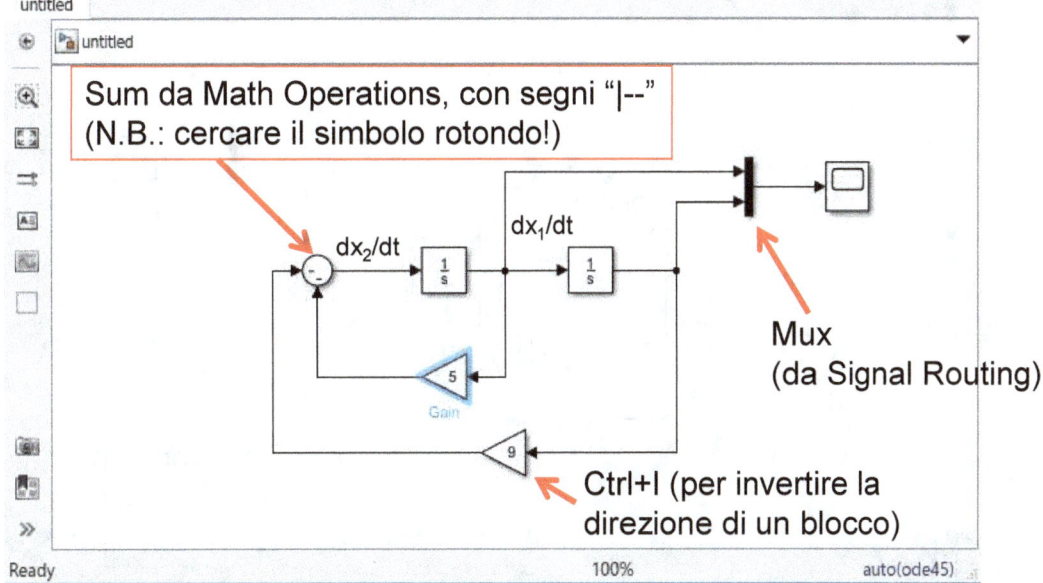

94

Simulink: esempio di sistema di ordine 2 nonlineare

⇒ Il pendolo semplice (con smorzamento…):

$$\tau = I\alpha \implies -mg\,\sin\theta\,L = mL^2\frac{d^2\theta}{dt^2}$$

$$-b\frac{d\theta}{dt}$$

$$\frac{d^2\theta}{dt^2} + \frac{g}{L}\sin\theta = 0$$

$$+ \frac{b}{mL^2}\frac{d\theta}{dt}$$

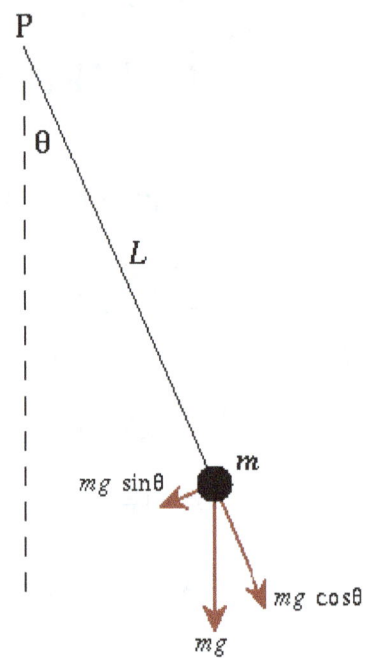

Simulink: esempio di sistema di ordine 2 nonlineare

⇒ Il pendolo semplice:

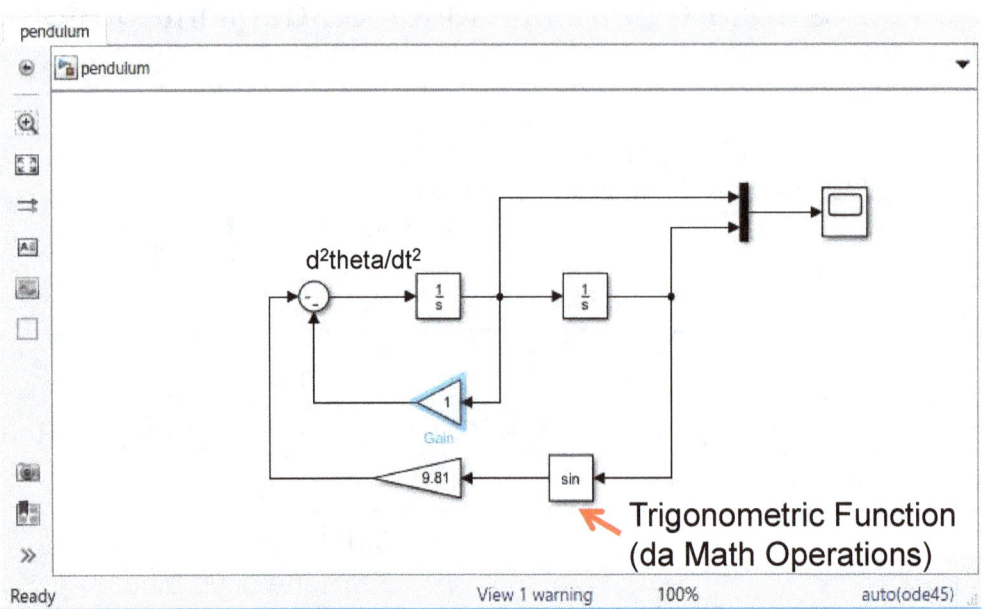

Trigonometric Function
(da Math Operations)

➡ **Realizzazione con forma canonica controllabile:**

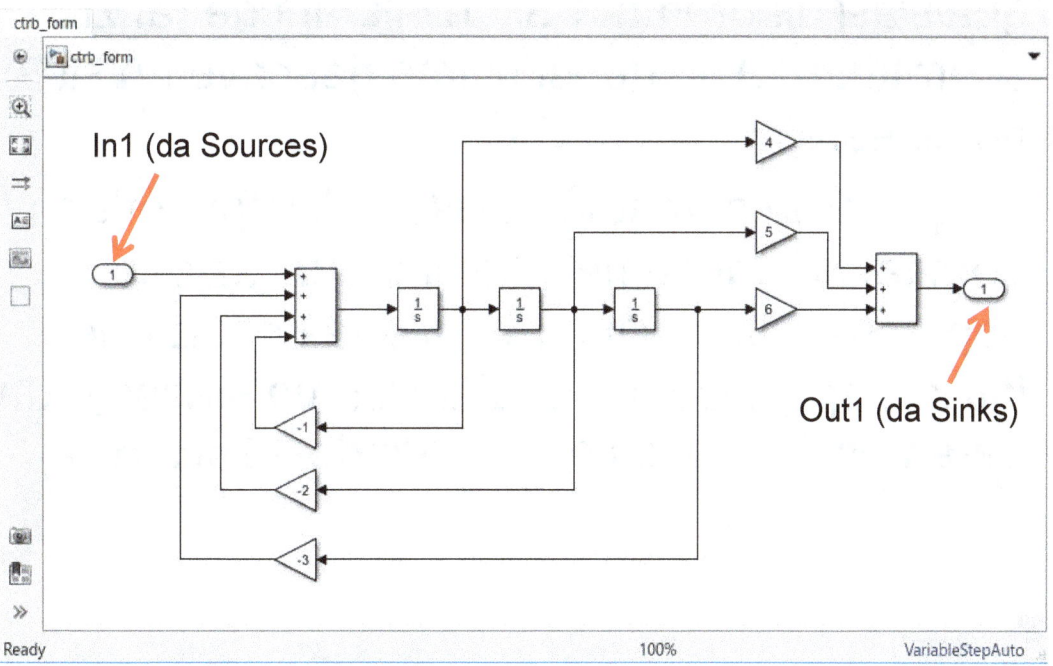

97

➡ Una volta salvato il diagramma (nome *ctrb_form*), è possibile estrarre le matrici del correspondente modello nello spazio degli stati:

```
>> [A,B,C,D] = linmod('ctrb_form')
A =
```

−1	−2	−3
1	0	0
0	1	0

Coefficienti del polinomio caratteristico di A (e del denominatore della corrispondente FdT

Identità 2x2

```
B =
    1
    0
    0
```

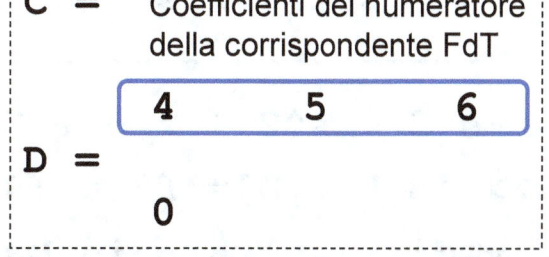

C = Coefficienti del numeratore della corrispondente FdT

4	5	6

```
D =
    0
```

98

➡ **NOTA1**: il comando `linmod()` è utilizzabile con qualsiasi diagramma Simulink, anche (anzi soprattutto...) se quest'ultimo descrive un sistema nonlineare

➡ La quaterna di matrici A,B,C,D è infatti ottenuta tramite metodi numerici di linearizzazione approssimata nell'intorno di una condizione iniziale specificata (dal diagramma stesso o dai parametri opzionali del comando `linmod()`)

➡ **NOTA2**: la **forma canonica controllabile** è la stessa che si ottiene convertendo direttamente una Funzione di Trasferimento nell'equivalente modello nello spazio degli stati, tramite il comando `tf2ss(num,den)`:

```
>> G=tf([4 5 6],[1 1 2 3])

G =

    4 s^2 + 5 s + 6

   -------------------

   s^3 + s^2 + 2 s + 3
>> [A,B,C,D]=tf2ss([4 5 6],[1 1 2 3])

(vedi risultato in Matlab...)
```

RIDUZIONE DI DIAGRAMMI A BLOCCHI:
- SIMULINK
- MATLAB

Simulink e la riduzione degli schemi a blocchi

➡ Le funzionalità di Simulink, sebbene molto sofisticate e complete, NON permettono di semplificare i diagrammi a blocchi di modelli LTI con FdT, applicando le regole grafiche mostrate in questo corso

➡ Al più, è possibile estrarre le matrici A,B,C,D per l'intero diagramma, come visto in precedenza, con `linmod()`, per poi costruire l'equivalente FdT con `ss2tf()` e `tf()` (oppure `ss() + tf()`)

Simulink e la riduzione degli schemi a blocchi

➡️ Esempio:

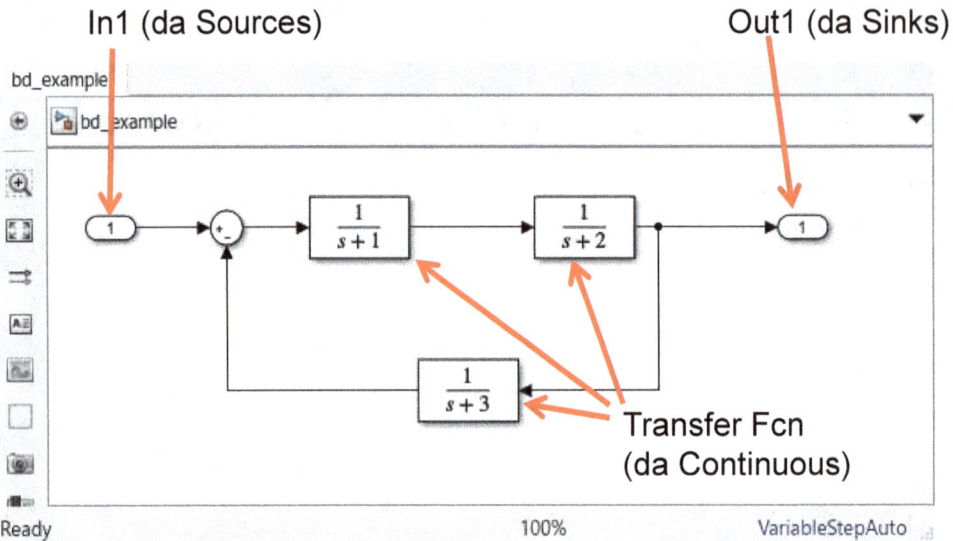

In1 (da Sources)

Out1 (da Sinks)

Transfer Fcn (da Continuous)

Simulink e la riduzione degli schemi a blocchi

➡️ Esempio:

```
>> [A,B,C,D]=linmod('bd_example')
>> [Num,Den]=ss2tf(A,B,C,D)
>> G=tf(Num,Den)

G =

           s + 3
     ------------------------
     s^3 + 6 s^2 + 11 s + 7
```

Riduzione di schemi a blocchi in Matlab

➡ Il **Control Systems Toolbox** di Matlab permette di effettuare TUTTE le operazioni di connessione tra FdT richieste dai diagrammi a blocchi (LTI)

➡ Ovviamente, le FdT coinvolte devono essere opportunamente definite nel workspace, con coefficienti numerici e già assegnati (i.e. NO coefficienti simbolici)

Riduzione di schemi a blocchi (Control Sys. Tlbx)

```
>> Gcl = feedback(G,H)
```

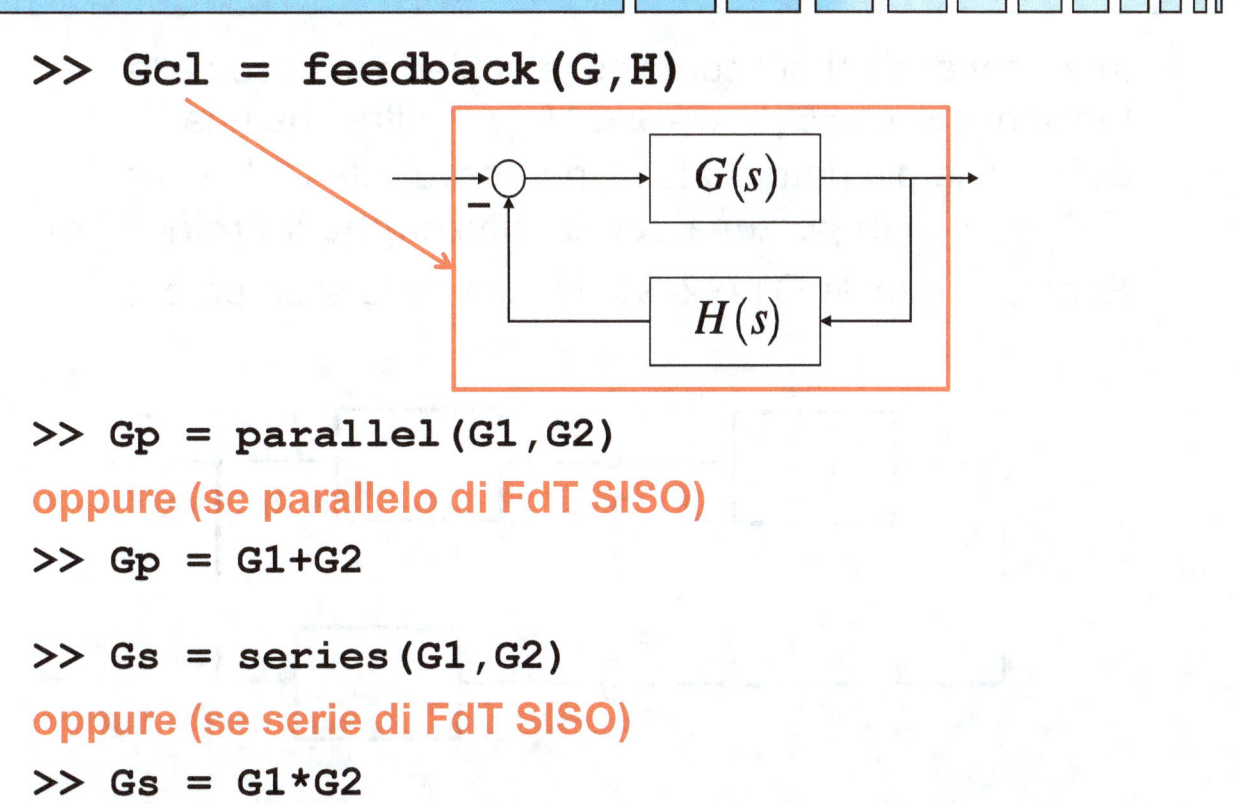

```
>> Gp = parallel(G1,G2)
```

oppure (se parallelo di FdT SISO)

```
>> Gp = G1+G2
```

```
>> Gs = series(G1,G2)
```

oppure (se serie di FdT SISO)

```
>> Gs = G1*G2
```

Riduzione di schemi a blocchi (Control Sys. Tlbx)

```
>> G1 = tf(1,[1 1])
>> G2 = tf(1,[1 2])
>> G3 = tf(1,[1 3])
>> Gcl = feedback(G1*G2,G3)
Gcl =

           s + 3
     ---------------------------
     s^3 + 6 s^2 + 11 s + 7
```

Riduzione di schemi a blocchi in Matlab

➡ Interconnessioni più complesse richiedono l'uso delle funzioni `connect()` e `sumblk()`, oltre che una definizione più dettagliata di ingressi/uscite delle varie FdT, tramite **opportuna scelta di stringhe identificative**

➡ **Esempio** (con le G1,G2,G3 definite nella slide prec.):

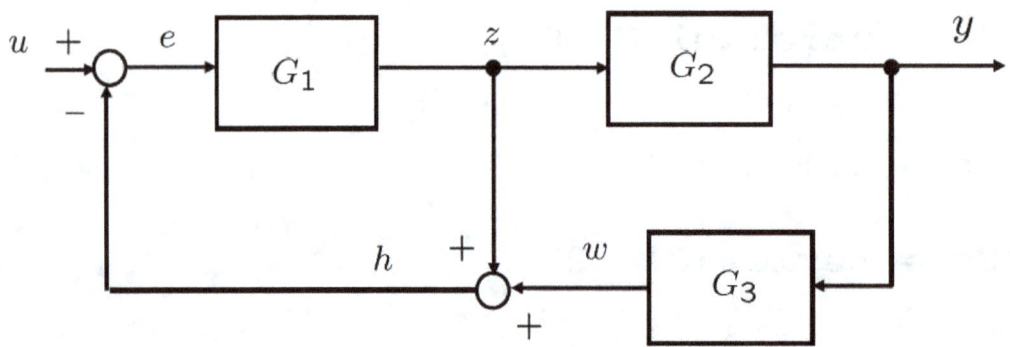

Riduzione di schemi a blocchi (Control Sys. Tlbx)

```
>> G1.u = 'e'
>> G1.y = 'z'
>> G2.u = 'z'
>> G2.y = 'y'
>> G3.u = 'y'
>> G3.y = 'w'
>> S1 = sumblk('h=z+w')
>> S2 = sumblk('e=u-h')
>> sys=connect(G1,G2,G3,S1,S2,'u','y')
>> Gtot = tf(sys)
```

Riduzione di schemi a blocchi (Control Sys. Tlbx)

Risultato:

```
Gtot =

    From input "u" to output "y":
            s + 3
    --------------------------
    s^3 + 7 s^2 + 16 s + 13
```

NOTA: applicando le regole grafiche come descritto sulle dispense (FdA-2.1-FunzioniTrasferimento)

```
>> Gtot = feedback(G1*G2,G3+1/G2)
```

Riduzione di schemi a blocchi in Matlab

- ➡ Il **Symbolic Toolbox** di Matlab non è direttamente orientate alle operazioni di elaborazione dei diagrammi a blocchi

- ➡ TUTTAVIA, le operazioni di riduzione del diagramma, una volta "nominati" segnali e FdT coinvolte in modo simbolico, si riconducono a quelle di eliminazione delle variabili in un Sistema di equazione, risolvendolo rispetto a u ed y (i.e. ingresso e uscita)

- ➡ L'operazione può essere fatta sfruttando la funzione `solve()`

Riduzione di diagrammi a blocchi (Symbolic Tlbx)

- ➡ **Passaggi:**
  1. Definire simbolicamente (`syms`) le FdT dei singoli blocchi e gli **N+1 segnali** nominati con lettere opportune (**inclusi u e y**), costruire il vettore N x 1 contenente le equazioni corrispondenti ad ognuno degli N segnali (escluso l'ingresso)
  2. Chiamare `solve()` sul vettore di N equazioni, considerando come incognite le N variabili simboliche corrispondenti ai segnali (**escluso l'ingresso u**)
  3. I campi della struttura risultante sono gli N segnali espressi in funzione dell'ingresso e delle FdT dei singoli blocchi
  4. Chiamare `coeffs()` sull'uscita y rispetto all'ingresso u per estrarre la FdT complessiva

Riduzione di diagrammi a blocchi (Symbolic Tlbx)

Esempio 1 (v. FdA-2.1-FunzioniTrasferimento):

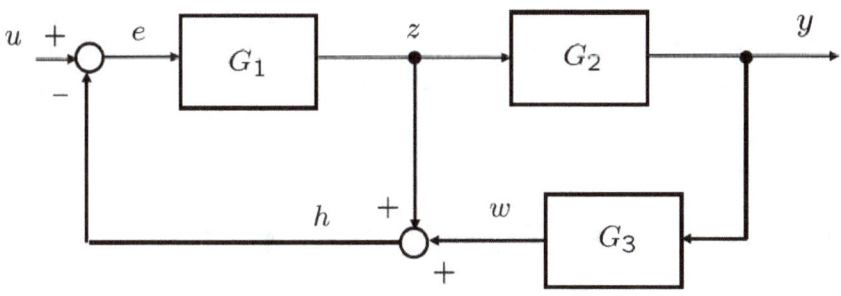

$$\textbf{CON}: e = u - h$$
$$z = G_1\,e$$
$$y = G_2\,z$$
$$h = z + w$$
$$w = G_3\,y$$

113

Riduzione di diagrammi a blocchi (Symbolic Tlbx)

```
>> syms G1 G2 G3
>> syms u y e z h w

>> sys = [e == u-h;
          z == G1*e;
          y == G2*z;
          h == z+w;
          w == G3*y]
```

114

```
>> sol = solve(sys,[e,z,y,h,w]);
>> sol.y
ans =

(G1*G2*u)/(G1 + G1*G2*G3 + 1)

>> Gtot = coeffs(sol.y,u)
Gtot =
(G1*G2)/(G1 + G1*G2*G3 + 1)
```

Riduzione di diagrammi a blocchi (Symbolic Tlbx)

▶ **Esempio 2** (v. FdA-2.1-FunzioniTrasferimento):

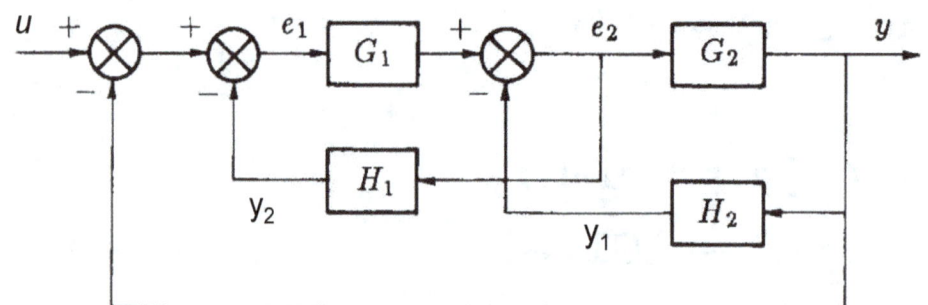

CON: $e_1 = u - y - y_2$
$e_2 = G_1 e_1 - y_1$
$y_1 = H_2 y$
$y_2 = H_1 e_2$
$y = G_2 e_2$

Riduzione di diagrammi a blocchi (Symbolic Tlbx)

```
>> syms G1 G2 H1 H2
>> syms u y e1 e2 y1 y2

>> sys = [e1 == u-y-y2;
          e2 == G1*e1-y1;
          y1 == H2*y;
          y2 == H1*e2;
          y == G2*e2]
```

117

Riduzione di diagrammi a blocchi (Symbolic Tlbx)

```
>> sol = solve(sys,[e1,e2,y1,y2,y]);
>> sol.y
ans =
(G1*G2*u)/(G1*G2 + G1*H1 + G2*H2 + 1)

>> Gtot = coeffs(sol.y,u)
Gtot =
(G1*G2)/(G1*G2 + G1*H1 + G2*H2 + 1)
```

118

Esempio 3:

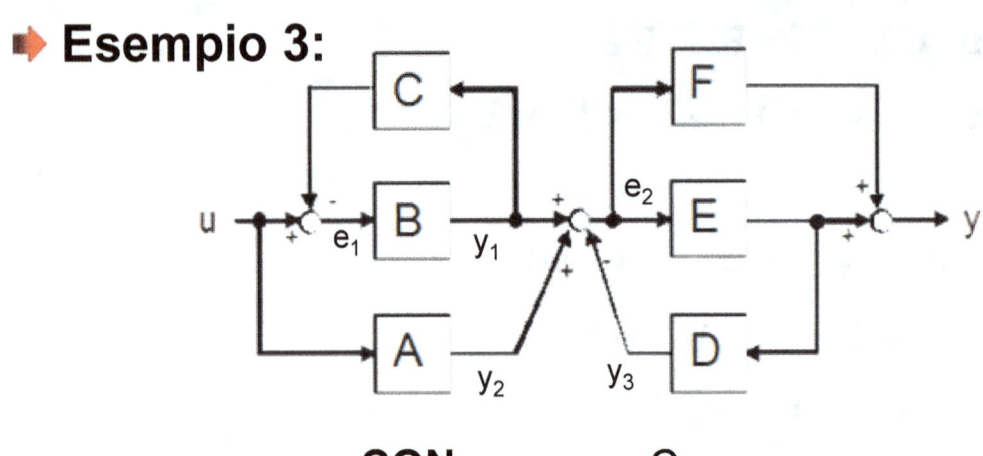

CON: $e_1 = u - C\, y_1$

$e_2 = y_1 + y_2 - y_3$

$y_1 = B\, e_1$

$y_2 = A\, u$

$y_3 = D\, E\, e_2$

$y = (E + F)\, e_2$

119

```
>> syms A B C D E F
>> syms u y e1 e2 y1 y2 y3

>> sys = [e1 == u-C*y1;
          e2 == y1+y2-y3;
          y1 == B*e1;
          y2 == A*u;
          y3 == D*E*e2;
          y == (E+F)*e2]
```

120

```
>> sol = solve(sys,[e1,e2,y1,y2,y3,y]);
>> sol.y
ans =
(u*(E + F)*(A + B + A*B*C))/((B*C + 1)*(D*E +
1))


>> Gtot = coeffs(sol.y,u)

Gtot =
((E + F)*(A + B + A*B*C))/((B*C + 1)*(D*E + 1))
```

121

Matlab

Analisi di Funzioni di Trasferimento:
Bode, Luogo delle Radici, ecc.
(Matlab/Simulink + Control Systems)

Matlab: diagrammi di Bode e luogo delle radici

⮕ Funzioni specifiche per la creazione di grafici di analisi per funzioni di trasferimento del Control Systems Toolbox, cioè create con:

`>> tf(num,den)` num/den coefficienti di numeratore e denominatore della FdT

Oppure:

`>> s=tf('s')`

`>> G=10*(1+s)^2/s/(1+s/0.1)/(1+s/100)`

NOTA: l'ultimo comando evidenzia l'utilizzo della fattorizzazione alle costanti di tempo: oltre al polo in 0, gli altri due poli hanno $\tau_1=1/0.1=10$ e $\tau_2=1/100=0.01$

123

Matlab: diagrammi di Bode

⮕ Una volta definita la FdT, è immediato visualizzare il corrispondente **diagramma di Bode** (ESATTO!):

`>> bode(G)`

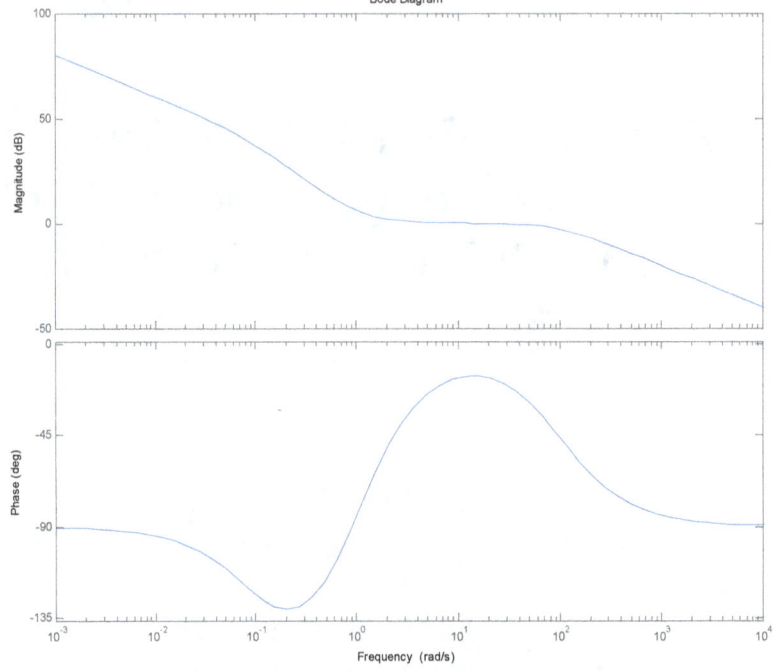

Matlab: diagrammi di Bode

- ⬛ Opzioni sul grafico del **diagramma di Bode**:
  - **>> `grid on`** evidenzia la griglia (in scala logaritmica)
  - Con tasto destro del mouse sul grafico: menu *Characteristics* permette di evidenziare il picco di risonanza (eventuale) e i margini di ampiezza/fase:

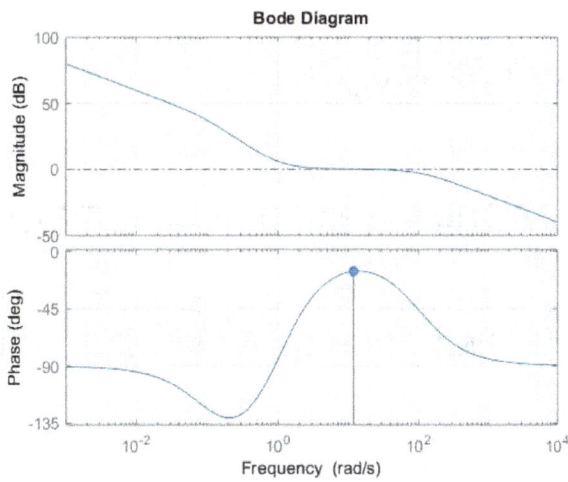

Matlab: diagrammi di Bode

- ⬛ **I margini di ampiezza e fase** si possono visualizzare direttamente con il comando:

>> `margin(G)`

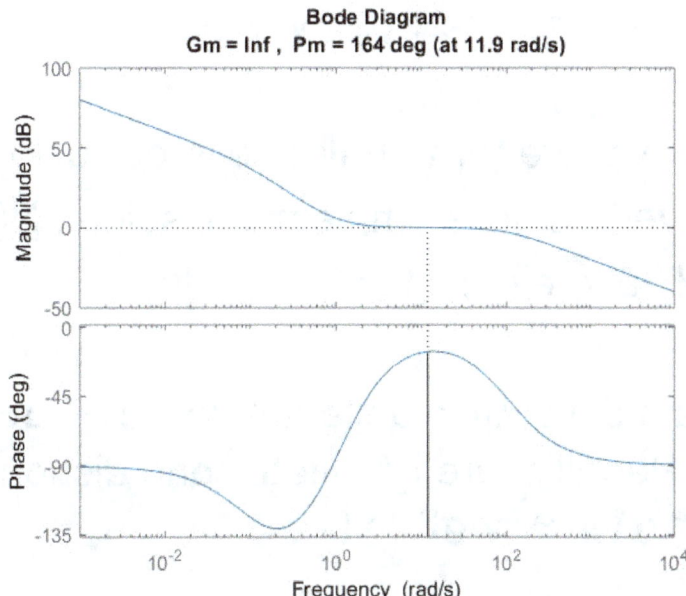

Matlab: diagrammi di Bode

➧ **I margini di ampiezza e fase** si possono anche memorizzare nel workspace, con il comando (senza plot):

```
>> [Gm,Pm,Wpi,Wc] = margin(G)
Gm =
    Inf
```
➔ Margine di ampiezza in valore assoluto, <u>NON dB</u>

```
Pm =
    164.0857
```
➔ Margine di fase

```
Wpi =
    NaN
```
➔ Pulsazione ω_π associata al margine di amp.

```
Wc =
    11.8875
```
➔ Pulsazione ω_c associata al margine di fase

Matlab: diagrammi di Bode

➧ Anche i **valori numerici della risposta armonica** si possono memorizzare nel workspace (senza plot), con:

```
>> [mag,phase] = bode(G,omega)
```

`omega` è un vettore (opzionale) delle pulsazioni richieste

`mag` è il vettore delle ampiezze assolute, <u>NON dB*</u>

`phase` è il vettore delle fasi (<u>in gradi</u>)

*NOTA: la scala del grafico delle ampiezze di `bode()` è invece in dB!! Per allineare i risultati, sono disponibili le funzioni `db2mag()` e `mag2db()` ..

Matlab: diagrammi di Bode approssimati

➡ **NOTA:** il Control Systems Toolbox non ha opzioni per visualizzare i diagrammi di Bode asintotici (i.e. approssimati) introdotti comunemente nei corsi di base di Automatica (peraltro proprio per un rapido svolgimento manuale, qualitativo)

➡ Molti siti didattici propongono funzioni Matlab per confrontare il diagramma esatto e quello approssimato, tra le quali la più interessante è stata reperita da:
http://lpsa.swarthmore.edu/Bode/BodePlotGui.html
e **modificata per la pubblicazione sul sito del corso:**

```
>> BodePlotGui(G)
```

NOTA: la modifica è solo nei punti di rottura per il diagramma delle fasi..

129

Matlab: diagrammi di Bode

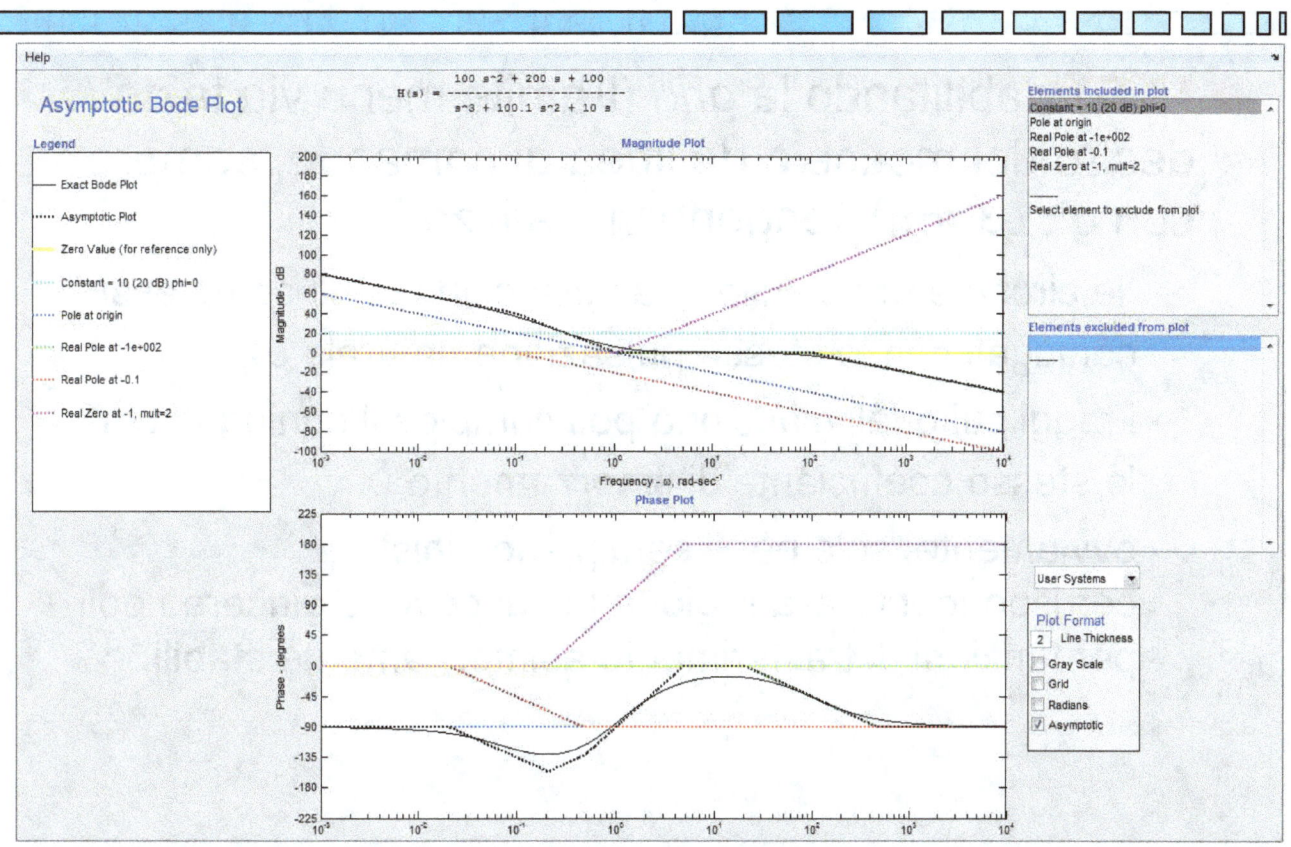

130

Matlab: luogo delle radici

➡ Il **luogo delle radici** è mostrato dalla funzione `rlocus()`:

```
>> G=1/s/(s^2+4*s+5)
Transfer function:
         1
-------------------
s^3 + 4 s^2 + 5 s
>> rlocus(G)
```

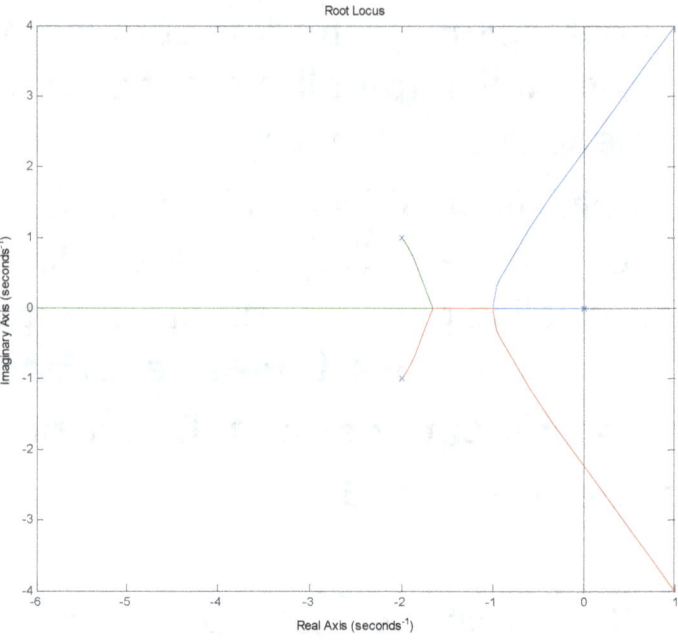

Matlab: luogo delle radici

➡ **NOTA**: abilitando la *grid* (tramite menu via tasto destro del mouse o da linea di comando, sempre con `grid on`) vengono visualizzati:

- le circonferenze sulle quali giacciono i poli complessi coniugati con la stessa pulsazione naturale ω_n

- i raggi sui quali giacciono poli complessi coniugati con lo stesso coefficiente di smorzamento δ

- ovviamente, solo per il semipiano sinistro, corrispondente alla regione in cui devono giacere i poli per funzioni di trasferimento asintoticamente stabili..

Matlab: luogo delle radici

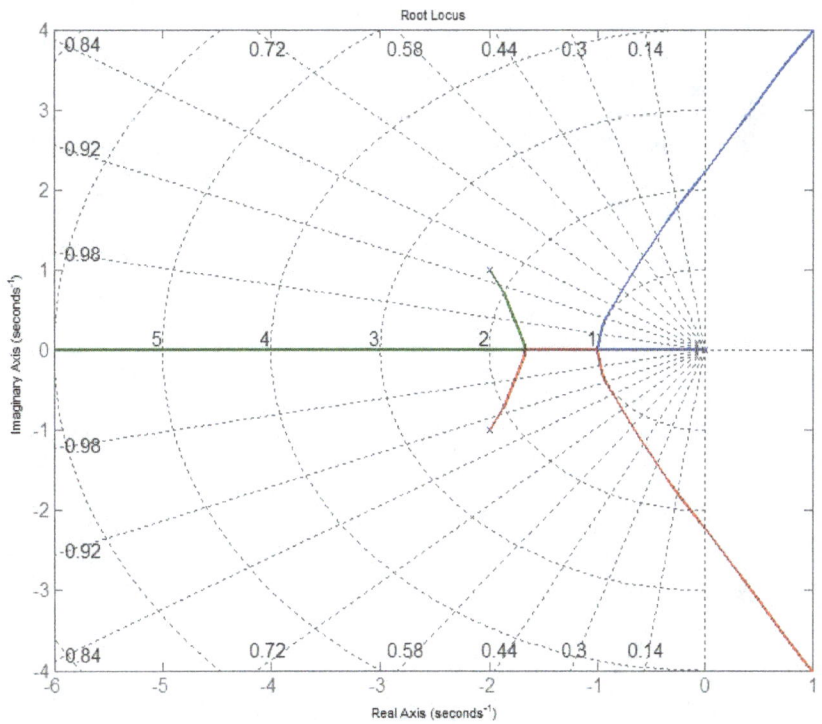

Matlab: luogo delle radici

➡ **NOTA**: la funzione `rlocus(G)` considera solo valori di K > 0 (i.e. luogo diretto) limitando automaticamente il valore massimo di K per ottimizzare l'aspetto grafico

➡ Per ottenere il luogo inverso, è necessario definire manualmente un intervallo di valori di K < 0:

```
>> Kvals=0:-0.01:-1000;
>> rlocus(G,Kval)
```

Matlab: luogo delle radici

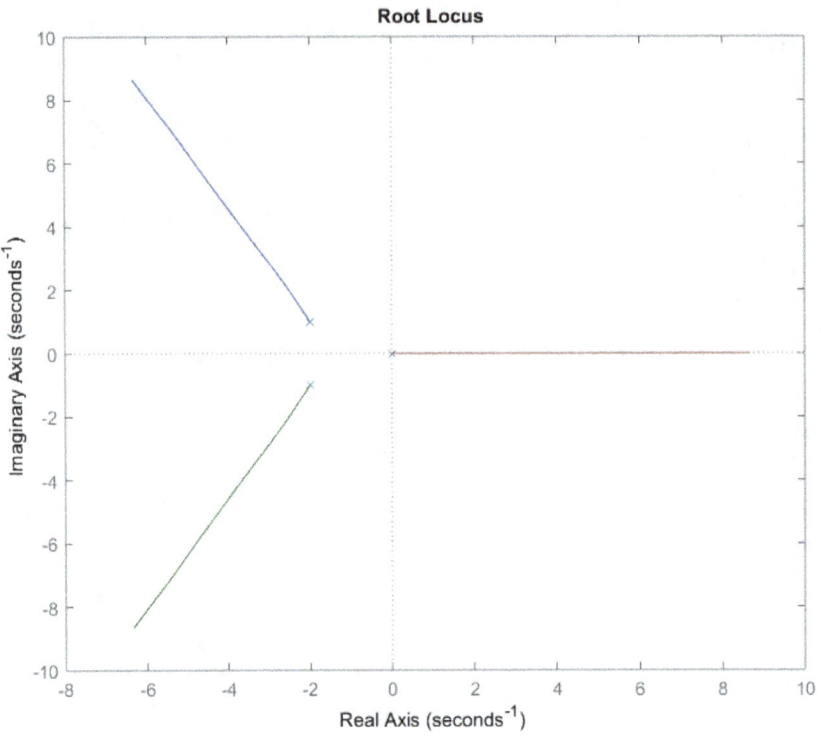

Matlab: diagrammi di Bode e luogo delle radici

➡ **NOTA**: cliccando con il tasto sinistro del mouse su una linea di qualunque grafico, ampiezza e fase di `bode()` e uno dei ramo di `rlocus()`, vengono visualizzate molte informazioni caratteristiche del grafico:

- **ampiezza** (in dB) o **fase** (in gradi) e pulsazione corrispondente, sui diagrammi di Bode

- **Valore di K** corrispondente, **valore del polo** (o coppia di poli se complessi), **damping** (δ), **overshoot %** (in risposta al gradino) e **pulsazione naturale** (ω_n) sul luogo delle radici

Matlab: altri comandi utili per l'analisi di FdT

▶ **Calcolo di poli e zeri:**

```
>> G=tf([4 5 6],[1 3 2 3])
>> pole(G)
ans =
   -2.6717 + 0.0000i
   -0.1642 + 1.0469i
   -0.1642 - 1.0469i
>> zero(G)
ans =
   -0.6250 + 1.0533i
   -0.6250 - 1.0533i
```

Matlab: altri comandi utili per l'analisi di FdT

▶ **Calcolo di τ, δ, ω_n per ogni polo:**

```
>> damp(G)
```

Pole	Damping	Frequency (rad/seconds)	Time Constant (seconds)
-1.64e-01+1.05e+00i	1.55e-01	1.06e+00	6.09e+00
-1.64e-01-1.05e+00i	1.55e-01	1.06e+00	6.09e+00
-2.67e+00	1.00e+00	2.67e+00	3.74e-01

NOTA: `Damping` è sempre 1 per poli reali, `Frequency` è ω_n per poli complessi e $1/\tau$ per quelli reali, `Time Constant` è $\delta\omega_n$ per poli complessi e τ per quelli reali

Matlab: altri comandi utili per l'analisi di FdT

➡ **Calcolo del guadagno statico** (i.e. G(jω) per ω →∞)

```
>> dcgain(G)
```

NOTA: `dcgain()` può essere di aiuto per la **verifica dell'errore a regime**, insieme alle funzioni `step()` e/o `stepinfo()`. Il risultato di queste ultime, però, può essere inutilizzabile allo scopo, se la funzione di trasferimento è instabile (al contrario di `dcgain()`..)

139

Indice

Matlab